# 教育と国家

高橋哲哉



講談社現代新書
1742

目次

# 第一章　戦後教育悪玉論

## ——教育基本法をめぐって

暑い夏の日のことでした。私が研究室で雑用を片づけていると、顔見知りの編集者が二人、教育問題について意見を聞きたい、と訪ねてきました。書類整理に汗を流す私を横目に見ながら、二人は雑談を始めました。

A　ところで新聞見ました？　また少年犯罪ですよ。ここのところ、たてつづけに起きているようですね。最近の子どもはどうなっちゃったんでしょうね。学校教育がうまくいっていないんじゃないですか。

B　確かに少年犯罪の増加は気になりますが、むしろ、大人の問題の方が深刻ですよ。教師だの、警察官だの、子どもにとっては正義の味方であるはずの立場の人間の不祥事が多すぎる。ましてや政治家においてをや。これでは、子どもたちが何をやってもいいと思っても仕方がない。大人が自ら襟を正さないで子どもに説教する資格なんてないですよ。

A　いや、ちょっと待ってください。僕だって大人に責任がないとは言っていない。ちゃんとした教育をすることは子どもに対する大人の責任です。だからこそ教育が問題だと言っている。

B　それはその通りでしょう。しかし、少年犯罪の増加ははたして教育だけの責任なんでしょうかね。社会全体に道徳の軽視というか、倫理意識の低下が見られるような気がするな。

Ａ　君が嘆く不道徳な大人だって、もとをただせば子どもですよ。子どものころどんな教育を受けて育ったかが問題なんです。ねえ、高橋さん、「人間は教育によって人間になる」と言ったのはカントでしたっけ？

高橋　え？　ああ、そうですけど、カントは教育によって個人の性格が決定論的に決まる、という意味で言ったわけじゃないですよ。

Ａ　それでも影響は重大でしょ。やっぱりちゃんとした道徳教育が必要な時期に来ているんですよ。

Ｂ　大きく出ましたね。そう言えば、高橋さんは道徳教育には反対の立場でしたね。

高橋　いいえ、必ずしもそうではありませんよ。

Ｂ　でも、教育基本法の改正には反対していたでしょう？　公立学校での道徳教育は教育基本法で禁止されているんじゃないですか。

高橋　ええ、現在の政府と与党のすすめる改正に対してはハッキリ反対ですがね。しかし、教育基本法が道徳教育を禁止しているというのは誤解もはなはだしい。私たちの小・中学校時代を思い出してみてください。「道徳」の時間というのはちゃんとありましたよ。今だってそうです。

それにしてもどうしてお二方のようなジャーナリストまで、少年犯罪から教育基本法改正まで一足飛びに行っちゃうのかな。そちらの方がよほど問題ですね。

**A** そりゃ僕らは教育については素人だけれど、そんなに変なことを言いましたかね？

**高橋** まあ、お二方が特別だというのではなく、多くの人が思い込んでいる錯覚のようなものですがね。

**B** その話、ちゃんと説明してくださいよ。

**高橋** どこからお話ししたらよいものか……。そうだ、たとえば、今年（二〇〇四年）の六月に、長崎県佐世保市で起きた小学校六年生の女子児童が同級生に切りつけられて死亡した事件はお二人も覚えているでしょう。新聞記事によると、そのときたまたま講演で佐世保市を訪れていた自民党の安倍晋三幹事長（当時）が、この事件について発言しているんです。

「『大変残念な事件があった。大切なのは教育だ。子供たちに命の大切さを教え、この国、この郷土のすばらしさを教えてゆくことが大切だ』と述べた。そのうえで教育基本法改正の必要性を強調し、党として7月の参院選までに改正案の中間報告をまとめて発表する考えを示した」（二〇〇四年六月二日付朝日新聞）

まずは、この安倍氏の発言を手がかりに考えてみましょう。

## 「戦後教育のせいで子どもがおかしくなった」

新聞で報じられた安倍晋三氏の発言は、事件が起きた同じ六月一日に開かれた講演会でのものです。おそらく事件の第一報に触れるや、さっそく持論の教育基本法改正に結びつけて、その必要性をアピールできると考えたのでしょう。そしてまさにこの記事のとおりに二〇〇四年六月、自民党と公明党の改正案中間報告（後章にて詳述）が出されました。

この事件の直前、五月十七日に安倍氏は自民党の都道府県連に、各地方議会で教育基本法改正推進の決議をあげる動きを強めよ、と指示を下しています。その後、各地で続々と教育基本法改正推進をもとめる決議案が出されるようになり、佐世保の事件は明らかにその口実として使われました。

ところで、似たようなことは実はこの一年前にもありました。二〇〇三年の七月、同じ長崎県の長崎市で、当時十二歳の中学一年生の少年が四歳の男児をナイフで切りつけ、最終的には駐車場から落として殺害したという事件があって、このときも大変な衝撃を社会に与えました。次に挙げるのは、事件後に森喜朗元首相が福井県敦賀市内での講演で述べた発言です。

「両親、国家、地域社会、家族に対し責任を持つことを教えない、教わらない人たちが大人になっている。そこで生まれ、育てられた子供たちは、もっと悪くなるのは当たり前ではないか。そういう意味で、教育基本法の改正をやれと言ってきた」（二〇〇三年七月二十日付朝日新聞）

きわめて象徴的なことに、二〇〇三年、二〇〇四年と長崎市、佐世保市で起きたそれぞれの事件をきっかけに、教育基本法改正論の急先鋒である二人の政治家が、教育基本法改正の必要性を示すものとして少年事件を引き合いに出していたのです。

安倍晋三と森喜朗という二人の政治家の少年事件に関連するコメントに共通しているのは、戦後教育が間違っていたのではないか、戦後の教育に問題があるとしたら、戦後教育の大もとは教育基本法なのだから、問題の解消のためには教育基本法を改正しなければならない、という論法です。この、「戦後教育のせいで子どもがおかしくなった」という議論を戦後教育悪玉論と呼んでみましょう。戦後民主主義、平和主義に対する攻撃も同様に行われています。こういう議論は、政治家だけでなく、文化人や財界人の間にもありますから、それだけ一般にも受け入れられやすい響きを持っている、と言えるでしょう。

## 安倍発言を読む

ここで、佐世保の事件についての安倍氏の発言をきちんと読んで、その問題点をはっきりさせてみましょう。

「大変残念な事件があった」。これはまったくそのとおりです。

「大切なのは教育だ」。これもそのとおりなのですが、しかし、少年少女の問題はすべて学校教育に原因があると考えるとしたら、それは性急にすぎはしないでしょうか。一口に戦後の社会といっても半世紀以上の時間が経っていますから、時期によってずいぶん違う。一九五〇年代、六〇年代の社会と現在の社会を、子どもたちの社会的環境という意味で同一視することはまったくできないほど環境が激変しています。その変化の中心にあるのはメディア環境の変化でしょう。子どもたちを取りまく情報環境が激変したために、学校教育の地位そのものが変化している。この点を考慮せずに、ただ学校教育と子どもたちとを直線的に結びつけることには疑問があります。そういう留保をした上であれば、大切なのは教育だということ自体に反対する人はいないでしょう。

問題はその次です。安倍氏は「子供たちに命の大切さを教え、この国、この郷土のすばらしさを教えてゆくことが大切だ」と言っています。このことと教育基本法改正の必要性はどう結びつくのか。

まず「子供たちに命の大切さを教える」という点についていえば、はたして教育基本法は命の大切さを軽んじているのでしょうか？　そもそもこの法律は一九四七年に、前年に公布された日本国憲法の理想を実現するためには教育の力が必要だという観点から、戦後教育の理念を定めたものです。そして、その内容は、日本国憲法と同様に、戦前・戦中の教育への反省に基づいています。それでは、戦前・戦中の教育とはどのような理念に基づいたものだったのでしょうか。

戦前・戦中に教育を支配したのは教育勅語です。そして、その下で「修身」と呼ばれた道徳の科目を通じて少国民を育成する国民教育が行われていました。教育基本法悪玉論に立つ人々がしばしば、教育勅語にもよいところがあったと主張しますが、それでは教育勅語においては「命の大切さ」はどのように位置づけられていたのでしょうか。教育勅語の精神は、「一旦緩急あれば義勇公に奉じ以て天壌無窮《てんじょうむきゅう》の皇運を扶翼すべし」という教えに集約されます。国家の危機の際には命を捨てて天皇と国家に尽くしなさいということです。さらに、教育勅語と並んで明治憲法の精神を体現する軍人勅諭には、「死は鴻毛《こうもう》よりも軽しと覚悟せよ」とあります。人命は鳥の羽毛の軽さに比較されるほど軽く見られていたのです。このような価値観が戦前教育の背景にあったために、戦争末期には「一億玉砕しても国体護持が大切」などと言われたわけです。

国家のために個人の命は鳥の羽ほどの重さもないと教えた戦前・戦中の教育に比べて、戦後の教育基本法は、さらにいっそう人命を軽視しているのでしょうか。次に現行の教育基本法の前文と第一条を掲げます。

われらは、さきに、日本国憲法を確定し、民主的で文化的な国家を建設して、世界の平和と人類の福祉に貢献しようとする決意を示した。この理想の実現は、根本において教育の力にまつべきものである。

われらは、個人の尊厳を重んじ、真理と平和を希求する人間の育成を期するとともに、普遍的にしてしかも個性ゆたかな文化の創造をめざす教育を普及徹底しなければならない。

ここに、日本国憲法の精神に則り、教育の目的を明示して、新しい日本の教育の基本を確立するため、この法律を制定する。

第一条（教育の目的）教育は、人格の完成をめざし、平和的な国家及び社会の形成者として、真理と正義を愛し、個人の価値をたっとび、勤労と責任を重んじ、自主的精神に充《み》ちた心身ともに健康な国民の育成を期して行われなければならない。

このように教育基本法は、戦前・戦中の教育理念への反省に基づいて、「個人の尊厳」を前文でうたい、「個人の価値」の尊重を第一条でうたっています。明らかに個人の尊厳、個人の価値の尊重を基本的な理念としているのです。こうした理念は「命の大切さを教えること」に通じこそすれ、それを妨げるものではありえません。戦前・戦中の軍国主義教育に比べて、はるかに「命の大切さを教えること」に近いのです。ですから、教育基本法が不備だから「命の大切さ」を教えられない、という論理はまったくおかしい。

安倍氏の発言の後半、「この国、この郷土のすばらしさを教えてゆくことが大切だ」という部分はどうでしょうか。国や郷土の素晴らしさを教えていくことによって命の大切さが教えられるというのですが、ここには論理的飛躍があります。国や郷土の素晴らしさを教えた戦前のタイプの愛国心教育が命の大切さを顧みなかったわけですから、「命の大切さ」を教えることと愛国心教育は、完全に矛盾するとはいえないにしても、直接結びつくとはいえないはずです。少年少女たちの事件から愛国心や郷土愛の大切さを導き出すのは明らかに論理の飛躍なのです。

森氏の発言もそうです。「責任」を教えるために「教育基本法の改正をやれ」というのですが、右で見た通り、教育基本法第一条（教育の目的）には、「勤労と責任を重んじ」と明記されています。現行の教育基本法は「責任」を教えることを奨励しているのであって、改正しなければ「責任」が教えられないなどということはありえないのです。

## 戦後教育批判のレトリック

安倍氏や森氏に限らず、近年は少年犯罪、特に少年少女の「凶悪犯罪」といわれるものが起こるたびごとに、戦後教育が悪いという議論が繰り返されてきました。しかし、これは今に始まったことではありません。

「十七歳の少女が、十八歳になる自分の恋人と三角関係にあるバーのホステスをナイフで突き殺した事件が一月二十五日に東京であった。同じ日神奈川県では、十八歳の少年と十七歳の少女が、タクシーの運転手を殺すという事件も起きている。少年少女の犯罪が激増傾向にあることは、つとに憂慮すべき問題になっているが、このような凶悪犯罪が、なぜ起きるのか」

この文章は、大人の犯罪と政治家の腐敗に言及した後、次のように続きます。

「このような一連の出来ごとは決してバラバラのものではなく、また偶然におきたものでもない。今日の世相の反映であり、その根はきわめて深いといわねばならぬ。政治が悪い、社会がよくないなどと責任を転嫁しあってみたって何の役にもたたない。日本国民は、もう一度敗戦のもたらした民族精神のゆがみについて真剣に反省すべきである。民主主義とか人間尊重とかの名において、己れ一人の快楽、私欲の追求が許されているのが今日の世相である。そこには、わが国がこうして存在する背後にどれだけの多くの犠牲と献身が払われてきたかについて全く無感覚であり、当然、高い使命感から発すべき犠牲と献身への気がまえもみられない」

最後は、「永遠なるべき民族の生命力の自覚と回復が今日の急務である。英霊顕彰を叫びつづけてきたわれわれは、今こそ、信念を持って立ち上がるべきである」と結ばれています。

これは、日本遺族会の事務局長を長年務めてきた板垣正氏が一九七八年に出した『声なき声――250万英霊にこたえる道』(原書房)に収められている「民族精神のゆがみ」と題された文章で、執筆されたのは一九六六年です。

これを見ると、一九六〇年代半ばに、今の政治家が述べてもまったくそのまま流通しそうなレトリックが使われていることがわかります。少年少女の凶悪犯罪がなぜ起こるのか、その原因は敗戦のもたらした民族精神の歪みである、だから愛国心を、という流れになっています。

板垣氏の文章は今から約四十年も前のものですが、一方で二〇〇四年六月に出版された本にこういう文章があります。

「学級崩壊、学力の低下、凶悪化する少年非行など、教育現場と関連して起きている諸問題は、教育基本法と無縁ではありません。あるいは頻発する医療事故や企業モラルの崩壊、教職員の不祥事など、社会を騒がせている深刻な事件の数々はどうでしょう。その多くが道徳や規律のゆるみと密接に結びついており、淵源を辿れば『道徳』に象徴される人間の生き方を軽視してきた、教育基本法にいきつくことはいうまでもありません」（『日本の教育改革』有識者懇談会『なぜいま教育基本法改正か』ＰＨＰ研究所）

四十年前の板垣氏のレトリックとそっくりではないでしょうか。この本の著者である「日本の教育改革」有識者懇談会は、「民間教育臨調」とも名乗っていて、主立った教育基本法改正論者がずらりと名を連ねている団体です。板垣氏の場合は英霊顕彰、つまり靖国神社の国家護持が直接の目的で、安倍氏や森氏などの政治家や民間教育臨調の場合は教育基本法改正自体が目的です。目的は違いますが、実によく似た論法なのです。

いずれにせよ、戦後教育や戦後民主主義を批判したい人が、少年少女の「凶悪犯罪」なるものをずらずら並べ立てて、こうなったのは戦後教育のせいだというパターンになっているわけです。

## 戦後、少年犯罪は増えたのか

ここで一つ、ある事件の記事を紹介します。

「母親から叱られたのを根にもって、夕食の雑炊にアヒ酸を混入して妹二人を殺した三女エツ子（一五）―仮名―は、十二日朝大牟田市署の取り調べに、犯した罪のこわさも知らぬように笑顔で次のような犯行動機を申し立てた。（中略）同女は大牟田市立新制第六中学二年生で、成績も中以上でバレー、卓球の選手だが、放課後練習し帰りが遅れると、母は遊んでいたのだろうと平手でなぐってしかりつける。犯行の前々日にもなぐられたので、この上は一家皆が死んだ方がよいと決意、小屋の中に隠してあった殺虫用アヒ酸を五日の日曜日に探し出しておいたが、六日の朝も叱られたのでいよいよ決行しようと雑炊に混入した」（一九四八年十二月十三日付毎日新聞西部版、句読点など一部改変）

この事件は、もし今の時代に起こったら、たいへんセンセーショナルな報道がなされるだろうことは想像にかたくありません。教育基本法を攻撃したい人が飛びつくであろう事件です。しかし、実はこの事件が起きたのは、一九四八年十二月六日、敗戦三年後なのです。この少女は四八年に十五歳ですから、一九三三年生まれ、国民学校で少国民教育を受けた世代です。最近の少年犯罪が教育基本法のせいだというなら、この事件は教育勅語のせいだとでもいうのでしょうか。

要するに、こうした少年犯罪と教育そして教育基本法との相関関係は単純に言えるようなものではない、ということです。かつて起きた事件と似た事件は今でも起こりうるし、現在の事件もそうめったに「前代未聞」のものとはいえないのです。むしろ、私たちが注意しなければならないのは、こうしたショッキングな事件を持ち出して教育を論じようとする人たちが、何を目的にそうしているのかということです。

ところで、先ほどの板垣正氏は、一九六六年の段階で少年少女の凶悪犯罪が激増傾向にある、と言っていましたが、はたしてそうだったのでしょうか。警察庁の調査による少年犯罪の統計データ（左表）で検証してみましょう。

戦後は、一九四六年からの統計があり、それによれば少年の殺人事件は、一九四六年から一九六九年まで二百件を下まわったことがない。一九七〇年に初めて百九十八件となり、その後、七〇年代前半に激減して、七五年に初めて百件を割って、九十五件になって

法務省「犯罪白書」（平成十三年度版）より

| | 殺人(人口比) | 強盗 | 強姦 | 放火 |
|---|---|---|---|---|
| 1946 | 249(1.49) | 2,903 | 258 | 164 |
| 1947 | 216(1.26) | 2,851 | 298 | 116 |
| 1948 | 354(2.06) | 3,878 | 584 | 173 |
| 1949 | 344(2.01) | 2,866 | 1,176 | 340 |
| 1950 | 369(2.14) | 2,897 | 1,538 | 470 |
| 1951 | 448(2.55) | 2,197 | 1,530 | 446 |
| 1952 | 393(2.21) | 1,956 | 1,870 | 530 |
| 1953 | 383(2.13) | 1,582 | 1,535 | 410 |
| 1954 | 411(2.25) | 1,830 | 1,977 | 407 |
| 1955 | 345(1.90) | 2,003 | 2,121 | 328 |
| 1956 | 324(1.82) | 2,033 | 2,053 | 321 |
| 1957 | 313(1.70) | 2,222 | 2,865 | 334 |
| 1958 | 366(1.91) | 2,405 | 4,649 | 412 |
| 1959 | 422(2.11) | 2,624 | 4,599 | 445 |
| 1960 | 438(2.15) | 2,762 | 4,407 | 605 |
| 1961 | 448(2.19) | 2,442 | 4,224 | 694 |
| 1962 | 343(1.68) | 2,307 | 3,983 | 642 |
| 1963 | 393(1.93) | 2,139 | 3,898 | 530 |
| 1964 | 361(1.80) | 1,987 | 4,242 | 535 |
| 1965 | 370(1.85) | 1,998 | 4,362 | 513 |
| 1966 | 368(1.82) | 1,901 | 4,281 | 381 |
| 1967 | 343(1.77) | 1,500 | 3,851 | 375 |
| 1968 | 286(1.54) | 1,261 | 3,294 | 390 |
| 1969 | 265(1.50) | 1,198 | 2,515 | 534 |
| 1970 | 198(1.17) | 1,092 | 2,212 | 469 |
| 1971 | 149(0.90) | 869 | 2,022 | 585 |
| 1972 | 149(0.91) | 790 | 1,818 | 351 |
| 1973 | 111(0.69) | 705 | 1,526 | 394 |
| 1974 | 102(0.63) | 677 | 1,499 | 370 |
| 1975 | 95(0.59) | 732 | 1,341 | 387 |
| 1976 | 80(0.50) | 618 | 1,035 | 393 |
| 1977 | 77(0.47) | 529 | 949 | 453 |
| 1978 | 91(0.55) | 522 | 946 | 446 |
| 1979 | 97(0.57) | 572 | 925 | 510 |
| 1980 | 49(0.28) | 788 | 984 | 478 |
| 1981 | 60(0.34) | 779 | 1,027 | 527 |
| 1982 | 86(0.48) | 806 | 878 | 574 |
| 1983 | 87(0.47) | 788 | 750 | 389 |
| 1984 | 76(0.40) | 690 | 757 | 383 |
| 1985 | 100(0.53) | 572 | 681 | 364 |
| 1986 | 96(0.49) | 708 | 635 | 343 |
| 1987 | 79(0.41) | 604 | 567 | 330 |
| 1988 | 82(0.43) | 569 | 509 | 273 |
| 1989 | 118(0.62) | 590 | 445 | 230 |
| 1990 | 71(0.38) | 594 | 348 | 181 |
| 1991 | 77(0.42) | 690 | 321 | 192 |
| 1992 | 82(0.47) | 713 | 318 | 214 |
| 1993 | 75(0.44) | 726 | 275 | 231 |
| 1994 | 77(0.47) | 933 | 320 | 237 |
| 1995 | 80(0.50) | 873 | 268 | 258 |
| 1996 | 97(0.62) | 1,082 | 227 | 265 |
| 1997 | 75(0.49) | 1,701 | 409 | 245 |
| 1998 | 117(0.79) | 1,566 | 460 | 236 |
| 1999 | 111(0.77) | 1,644 | 438 | 217 |
| 2000 | 105(0.74) | 1,668 | 311 | 210 |
| 2001 | 109( ― ) | 1,695 | 260 | 228 |

※調査は警察庁によるもの
※人口比は少年（10～19歳）10万人あたりの発生件数

います。七五年以降は、現在に至るまでほぼ百件前後で推移しています。七五年以降、百件を超えたのは、一九八五年、八九年、そして九八年から二〇〇一年までは百十七、百十一、百五、百九と四年連続で百件を超えてはいますが、表にはないものの二〇〇二年にまた八十三件になり、二〇〇三年は九十五件になっている。つまり、七五年以降の発生数には、統計上の有意な差異は認められないのです。ほぼ百件前後で推移していて、少ないときは八十件以下という年もあります。

では、戦後、少年による殺人事件がもっとも多かったのはいつだったのか。一九五一年と六一年が四百四十八件でトップです。これらのほかに、四百件を超えた年を挙げると、五四年が四百十一件、五九年が四百二十二件、六〇年が四百三十八件。このあたりがピークで、その後どんどん減り続けている。そうすると結局、四六年から六〇年代半ばぐらいまでの、戦後の混乱を引きずっていた時期に少年による殺人事件がいちばん多かったということが分かります。

その他の犯罪、たとえば強かん（レイプ）の件数を見ても、明らかに一九七七年ぐらいから減ってきています。かつては二千件台、三千件台、四千件台の年が六〇年代半ばぐらいまでありましたが、その後減り続けて、最近では年間二百件から四百件台で推移しています。

こういうデータを見ると、少年少女の凶悪犯罪が激増しているなどと六六年の時点で言ったり、あるいは最近言ったりするのは、まったく実態に合わないことがわかるでしょう。

これを人口比で見たらどうなるか。少年少女の殺人事件の人口比データを見ますと、かつては二・〇％前後から二・五％ほどで推移して、六〇年代末ぐらいから激減、七一年以降は一％を超えていないのです。二〇〇〇年以降は、〇・七四％、〇・七九％、〇・六二％、〇・八％。つまり、日本の総人口と比べてみると、人を殺す子どもの割合は近年、明らかに減っているのです。

少年の凶悪事件があると、今の時代が悪い、戦後民主主義が悪い、戦後教育が悪いと言われますが、具体的なデータを見れば、戦後教育悪玉論に根拠がないことがはっきりします。

| | 殺人 | 強盗 | 強姦 | 放火 |
|---|---|---|---|---|
| 1936 | 153 | 311 | 197 | 266 |
| 1937 | 155 | 310 | 172 | 272 |
| 1938 | 161 | 302 | 211 | 279 |
| 1939 | 123 | 310 | 217 | 291 |
| 1940 | 146 | 475 | 230 | 263 |
| 1941 | 107 | 436 | 255 | 256 |
| 1942 | 126 | 406 | 328 | 213 |
| 1943 | 94 | 377 | 335 | 204 |
| 1944 | 97 | 442 | 294 | 215 |
| 1945 | 141 | 452 | 213 | 90 |

「犯罪白書」（昭和三十六年度版）より

## メディアの変化がもたらしたもの

戦前のデータ（上の表）も見てみましょう。たとえば一九三六年以降四五年までの統計で見ると、少年の殺人事件はやはり最近より多い。三六年は百五十三件、三七年は百五十五件、三八年は百六十一件、以下、百二十三件、百四十六件、百七件、百二十六件、九十四件、九十七件と、この時期はほとんど毎年百件を超えています。戦前の日本の人口が現在の約三分の二であったことを考えれば人口比の発生率は戦前の方がもっと高い。こうしたデータに照らしてみると、少年少女の凶悪犯罪に関する戦前・戦後の比較論は、よほど実証的でない限り警戒した方がよいでしょう。

どうしてこんな事実誤認がまかり通ってしまうのか。原因として考えられるのは、メディアの影響です。一九九〇年代以降のマスコミの報道に関するデータを見ると、少年少女の凶悪犯罪についての報道が近年、急増しているのです。先述のように、実際に起きた事件の数そのものはそんなに変わっていないのですが、報道は九〇年代末から急増している。一九九五年には、地下鉄サリン事件がありました。その二年後には神戸児童連続殺傷事件、いわゆる酒鬼薔薇事件もあり、犯罪やセキュリティーへの不安が一挙に社会に広がった時期です。一方、戦中・戦後の混乱期などにはそういう事件が多発しても人々がそれらに関心を向ける余裕がなかったし、今のようにメディアが集中的に報道して人々の興味を煽《あお》ることもそれほどありませんでした。メディア自体が今ほど発達していませんでしたし、テレビのチャンネルも新聞や雑誌の数も限られていました。

ここに、メディアの報道がセンセーショナリズムに走り、多くの人がそれに接するようになった影響が見てとれます。もちろん、報道すること自体が悪いのではありませんが、政治家らによって戦後ずっと繰り返されてきた「少年犯罪が激増している」というレトリックが、今日ますますまことしやかに聞こえるようになった大きな要因はそこにあるといえるでしょう。

## 学校制度そのものが問われている

少年少女の「凶悪犯罪」が増えているわけではないとしても、学齢期の子どもたちが変わってきているのではないか、という印象は多くの人がもっているかもしれません。

たとえば校内暴力やいじめに類することは昔からありました。いわゆる少年非行も昔からありました。しかし、不登校、ひきこもり、学級崩壊、「援助交際」といった事態が、かつてなかったものであることは確かでしょう。

では、こうした現象は何によって引き起こされているかといえば、それが教育基本法のせいだとは絶対に言えない。先述のように、教育基本法の基本は個人の尊厳、個人の価値の尊重ですから、一人ひとりの子どもに向き合う教育、一人ひとりの子どもを尊重する教育が戦後教育の現場で本当になされてきたなら、子どもたちの現状はかなり違ったものになっていたかもしれません。と同時に、現代の社会環境、とりわけ先にも触れたメディア環境は激変してきていますから、学校教育だけではどうしても対応できない部分があることも無視できないはずです。

メディア環境の激変が教育にどのように影響するのかといえば、子どもがさらされる大人世界の情報がかつてに比べて膨大なものになっている、ということがまず挙げられます。現在の大人がかつて子どもだった時代には、メディアといえばテレビ、ラジオ、新聞、雑誌程度でしたが、今日ではそれらに加えてインターネットや携帯電話など、かつて存在しなかったメディアが生まれてきています。テレビのチャンネル数だけでも飛躍的に増加しました。その結果、子どもが日々受け取ることができる情報の量は、単純に考えただけでもかつての何倍、あるいは何十倍にもなっているのではないでしょうか。そうしたメディアを通じて、子どもたちは日常的に、学校からもたらされる情報よりもはるかに膨大な大人社会の情報にさらされているのです。

かつては、子どもの知的世界において学校の位置づけはきわめて大きかった。戦前はもちろん、戦後もある時期までは、知識はやはり学校へ行かないと得られないという時代でしたから、子どもにとって学校教育の意味は重かった。ところが、今は学校へ行かなくてもインターネットで調べればすぐにたいていの情報が得られてしまう時代です。「知識」という点に関する限り、子どもにとって学校教育の持つ意味はどうしても薄れてきてしまいます。かつてと現代とでは、子どもたちの学校に対する態度に違いがあるのは当然とも言えます。教師に対する態度が変わってくるのもやむをえないところでしょう。

こうした意味では、今日、明治に始まった近代の学校制度そのものの有効性が問われていると言っても過言ではありません。教育基本法が依然として近代の学校教育制度を自明の前提としているのではないか、という根本的な問いかけをすることもできるでしょう。しかし、まさにこの点において、現在の教育基本法改正論者が述べている改正論の浅薄さは際立っています。なぜなら、そうした改正論は、現在問われている学校教育の意味そのものについてまったく考えていないからです。

教育基本法を改正すれば教育がよくなると言う論者は、学校教育の意味をまったく問い直さず、かつてうまく機能していた（と彼らが思っている）学校制度をそのまま復活させれば子どもがよくなる、と思い込んでいる。しかし、今日ではむしろ近代の学校制度そのものが新たな社会環境、メディア環境によって問い直されているのです。そこからかつてなかった学校現場の現象も生じてきているのですから、教育基本法は学校教育制度を自明の前提としているという面では問い直されるべきですが、それは現在の改正論とはまったくレベルの違う問題なのです。

## 感情論を超えて

このように考えてくると、現在の教育基本法改正論者たちが「だから改正が必要だ」と主張している根拠はおおかた崩れ去ってしまいます。とはいえ、それでも改正論者の言うことに耳を傾ける人の不安感は根強く、なかなか変わらないように見えます。たとえば、最近の若者の風俗が乱れているという印象からもたらされる不安感がそうです。改正論者の人たちは、たとえば、「ガングロ」や「ヤマンバ」と呼ばれる奇抜なメイクアップとファッションで渋谷の街を闊歩する少女たちとか、地べたに座り込む若者たち、電車の中で化粧や、果ては着替えまでしてしまう若者たちによって刺激され、「戦後教育悪玉論」に導かれるようなのです。

しかし、いつの時代にも流行はあったわけで、かつては男子学生・生徒の間でも、リーゼントが流行《はや》ったり、長髪が流行ったりした時期がありましたが、今ではそれらは風俗としては過去のものとなり、個々人の好みの問題にすぎなくなりました。ガングロやヤマンバも、もはや流行の時期は過ぎたようです。

もっとも、いつの時代にも流行はあったにせよ、現在の流行がマスメディアを通して少年少女の、特に少女の身体に浸透していく最近の傾向には考えさせられるものがあります。マスメディアを通して常に流行産業の標的になっていくという意味では、今日の子どもたちに何か痛ましいものさえ感じることがあります。やせているのが美の基準だなどとメディアを通して強烈に少女たちにインプットされるので、それに合わせないと不安でしかたがない、生きている価値がないなどと思いこんでしまうケースも出てきます。

これらの問題にしても、マスメディアを通して流行を作りだそうとする消費産業の攻勢に対して、学校教育で古典的な価値観を教えて対抗せよ、などといって片付くものではありません。このあたりの問題は、感情的にならずに、冷静に今の社会あるいは文明のあり方の問題として考えなければならないのです。今日の教育基本法改正論はまったくそれにふさわしくない。改正論者の感情的でノスタルジックな教育観は、今日の教育の現実にまったく対応できていないのです。

## 教育現場からの声

およそ法律に完璧なものなどありません。常に改良・改正の余地がないかの検討は必要です。教育基本法も「不磨の大典」ではありませんし、日本国憲法でさえそうです。これらの法は戦後民主主義、平和主義の基本的な約束事以上のものではなく、その価値はその約束が必要かどうかで決まります。教育基本法は、憲法の理想を実現するために定められた〝教育の憲法〟ですから、この法律がなぜ必要なのかを考えて、必要でないというのであれば廃棄してもよいのです。逆に、不完全なものであっても、基本的な必要性があればそれを維持した上で、不完全な部分を改善していくべきなのです。

ところが、今この国で、戦後民主主義や平和主義を否定して新しい国の形をつくろうとしている、新国家主義というべき考えの人たちは、戦前・戦中との連続性が強い形の国家を構想しているように見受けられます。そういう人々がまだ大きな力をもつ情況では、現行の憲法や教育基本法はやはり必要なのではないか。

政治家や財界人からの性急な教育基本法改正論に対して、「ちょっと待った、それはあまりにも教育の現実を無視している」と考える人々が、教育基本法改正に反対の声を上げはじめています。たとえば、教育基本法改正論を推し進めている人々は、政治家であったり財界人であったり、また文化人であったりするのですが、その中に教育学者はあまりいません。教育社会学や教育法学など広い意味での教育学を専門に研究している学者はきわめて少ない。むしろ教育学会、教育法学会など教育関連の十五学会では、現在の教育基本法改正論に対して慎重論や反対論が強いのです。

教育学者などの専門家以外に、市民や子どもたちの中からも、学校現場の実情が現在の改正論に基づいた改正によってさらに悪化してしまうのではないかという声が出てきて、市民運動として教育基本法改正に反対する全国的な運動も展開されています。その一つの成果は、二〇〇三年十二月二十三日に、東京・日比谷公会堂で行われた「教育基本法改悪反対！　12・23全国集会」でした。私自身、この集会の呼びかけ人の一人だったのですが、教育基本法を改正するかどうかという問題は一般にそれほど知られていないため、当日どれだけの参加者があるのか、正直に言って懸念していたのです。ところが、蓋《ふた》を開けてみると約五千人の人々が全国から集まって、熱心にこの問題を考えることになったのです。

この集会では、学校現場でさまざまな問題にぶつかって苦しんでいる子どもたち、教員、保護者など、当事者からの問題提起がさまざまな形で出てきました。昨今では、学校や教員に対する社会的な視線が厳しいため、なかなか現場の教員は自分たちが置かれている苦境について発言することができない、発言しにくい雰囲気もあるのですが、この12・23集会では人々が自分自身の声で率直に語りはじめたという印象があります（岩波ブックレット『緊急報告　教育基本法「改正」に抗して――全国各地からの声』を参照）。

## ストレス過剰の学校

私自身がかかわったもう一つの例は、二〇〇四年七月十七日に沖縄県北中城村で行われた「教育の危機を考えるシンポジウム」です。こうした集会は各地で増えていますが、この沖縄での集会をとり上げるのは、出発点が今の学校現場の問題そのものだったからです。

沖縄では今、教職員の病休、特に精神疾患を理由に休職する教職員の数が増えているということが大きな問題になっています。二〇〇三年度まで五年連続で増加していて、この十年間で教員の病気休職が三倍に達している。二〇〇三年度に沖縄県内の小・中・高校で病気休職した教職員は三百人で、うち精神性疾患は九十九人。資料がある一九八九年以降では最多となったというのです。

これは、実は沖縄だけではありません。全国各地で見られる現象なのです。沖縄以外で休職者のうち精神疾患を理由とする教職員の割合が高いのは、北海道、埼玉、東京、神奈川、広島、大阪などですが、最近、急激に増えています。

その理由を探っていくと、現場が非常に多忙化している。過重労働と精神的なストレスのために休職する人が多い。大分県の大分協和病院心療内科の丹生聖治医師が書いた「異常事態」と題された報告（日教組「教育新聞」二〇〇四年六月一日）によると、小・中学校教職員の健康状態に関しての調査を行ったところ、不眠や不安、思考力の低下、動悸やめまいといった心療内科的に治療を要する症状を訴えている教職員が三〇％もいるという結果が出ました。通常の職場での有病率は三％程度で、治療を要する人たちが三〇％もいる場所ということ、特別養護老人ホームぐらいしかないそうです。これは、教育現場としては異常な状態になっているといわざるをえません。

「教育の危機を考えるシンポジウム」は、この状況に危機感を持った退職教職員の人たちが、学校現場の問題を、なかなか声を上げられないでいる現場の教員に語ってもらい、保護者にも参加してもらって、公共的な議論の対象にしていこうという趣旨で行ったシンポジウムでした。このように、実際に今の教育が置かれている苦境そのものから問題を考えていこうという動きが出てきている。むしろこういう筋で問題を考えていくべきではないか。

こういった場で学校の現状を聞くとよく分かるのは、教育基本法のよいところが現場でまったく生かされていない、実現されていない、だから教育基本法を性急に改正するのではなく、むしろそのよいところを実現することがまず重要であって、現在の改正論はまったく転倒しているということです。

## 棚上げにされた教育基本法

では、どうして、戦後教育の中で最も根幹をなしているはずの教育基本法が生かされていない、あるいは実現されていないのか。その一つの大きな理由は、一九四五年の敗戦の結果として、教育勅語・修身のシステムが崩壊したにもかかわらず、戦前・戦中の流れをくむ政治勢力や文部省（現文部科学省）の政策によって、教育基本法の理念が軽視され、むしろ棚上げにされてきた点にあります。

教育基本法の重要な部分が、戦後史のなかで軽視され、棚上げにされてきたのは、憲法九条がそうであったのと似ています。

日本国憲法の「理想」（教育基本法前文）は、占領下では日本の政府も積極的に評価していましたが、主権が回復されてから、朝鮮戦争をきっかけとして東西冷戦が激しくなるにつれてむしろ急速に軽視されていったのです。そして日米安保条約に基づく「再軍備」から今日の有事法制に至る、日本の安全保障政策の軍事化が進められてきました。

これと同じように、教育の世界では、教育の憲法ともいうべき教育基本法が棚上げにされてきたのです。そして、教育基本法に代わって政府・文部省の定めた学習指導要領を中心とした教育行政による指導、行政指導なるものが現場を支配するようになったのです。

学習指導要領というものも、占領下では現場の教員に対する参考資料程度のものとして位置づけられていたのですが、一九五八年に文部省告示という形で現場に下ろされるようになり、文部省はそれ以来、これが「法的効力を持つ」と主張、今日では教育現場を実質的に支配しています。たしかに文部科学省が教育基本法を完全に無視することは（建前上は）できませんし、文科省に聞けば「いや、教基法を大前提としてその枠の中でやってきた」と言うでしょう。しかし、それは歴代の日本政府が「いや、憲法を尊重してやってきた」と言いながら、自衛隊を海外へ派兵するのに似ていて、実態は建前とは違うのです。現実には、日の丸・君が代の導入が一九五八年の学習指導要領によって始まったように、戦前・戦中の教育の負の遺産がきちんと清算されずに戦後も続いてきたのです。

教育基本法に対する批判は、一九五〇年代からすでに文部大臣などの発言によってなされてきています。その基本は、「愛国心が書かれていない。日本の国への忠誠が書かれていないから教育基本法はダメだ」という議論で、それが今日の新国家主義的な教育基本法改正論にまでつながってきていることに異論の余地はありません。

## 愛国心教育が目指すもの

新国家主義的な教育は、なにを目指しているのか。それが端的に表れているのは、西村眞悟・民主党議員の次の発言です。

「お国のために命を投げ出しても構わない日本人を生み出す。お国のために命をささげた人があって今ここに祖国があるということを子どもたちに教える。これに尽きる」（二〇〇四年二月二十六日付朝日新聞）

これは、自民党と民主党の国会議員がつくった教育基本法改正促進委員会の設立総会で述べられた挨拶の一部です。つまり、教育基本法改正の目的は「これに尽きる」と改正論者が公言しているわけです。この会合で西村議員の発言に批判が出たという話は聞きませんし、マスコミ、ジャーナリズムでもこの発言はまったく批判なく報じられています。「お国のために命を投げ出すことを厭《いと》わない機構、つまり国民の軍隊が明確に意識されなければならない、その中で国民教育が復活していく」と続くのですが、まさに戦前・戦中の国民教育、そしてその中枢を支配した教育勅語の「一旦緩急あれば」のメッセージそのものです。いったいこれが、二十一世紀の日本の教育が目指すべき方向なのでしょうか。

これと同様の発言として、河村建夫氏――小泉純一郎内閣で文部科学副大臣を務め、第二次改造内閣で文部科学大臣に就任――が、一九九九年八月に自民党の教育改革実施本部教育基本法等研究グループの主査になった際に述べた、「(教育基本法改正については)平成の教育勅語を念頭に議論する」(一九九九年八月十一日付読売新聞)という発言もあります。

## 弱肉強食の教育へ

教育基本法改正論は、新国家主義以外の側面も持っています。一九八〇年代の臨時教育審議会以後、いわゆる新自由主義的な考え方が教育改革の中に入ってきて、文科省の文教政策の中にも一定程度取り入れられてきていました。この動きは、一九九〇年代以降のグローバリゼーションの流れの中で強まり、新自由主義政策が教育界においても積極的に取り入れられるようになってきました。その結果、現在の教育改革論議、ひいては教育基本法改正論議を導いている人々の考え方は、新国家主義と新自由主義のアマルガム（融合体）になっているともいえます。

新自由主義とはこの場合、教育の世界に自由競争主義、市場原理主義を持ち込むことです。経済界にはもともと、企業活動を活発にするために、さまざまな規制を撤廃して自由に競争させることで、強い企業が勝ち残り、弱い企業が淘汰され、自然に全体が強くなる、という考え方がありました。この発想は、裏を返せば弱肉強食です。自由競争といっても、競争させられる一人ひとりは、そもそもスタートラインで資本力が違うわけですから、強い者がますます強くなり、弱い者がますます淘汰されていくことになり、きわめて問題のある考え方なのです。経済の世界でも完全に正当とはいえないこのような考え方を、教育の中に持ち込もうとするのは、非常に危険なことではないでしょうか。

私は、学校教育を含めた教育の世界は、一般社会とは別の論理あるいは別のリズムが確保されるべき空間だと思うのです。新自由主義を教育の世界にそのまま持ってきたらどうなるか。教育は次第にプライベート（私的・非公共的）な関心に支配されるものになり、子どもたちも、親たちも、さらに教員も学校も、とにかく自分だけが勝ち組になればよいという考え方に染め上げられていく。そして負け組になってはいけないと、たえず競争へ競争へと駆りたてられていく。弱肉強食の競争が教育の原理になっていくと、今の子どもたちを苦しめている精神的なストレスはますます激化し、教員の精神的な負担もますます重いものになっていくでしょう。

## 一%のエリートと九九%の非エリート

教育の新自由主義を象徴しているのが三浦朱門氏（元文化庁長官）の発言です。三浦氏は教育課程審議会（文相の諮問機関）会長として、いわゆる「ゆとり教育」の理念を導入した学習指導要領をつくった責任者です。次に挙げるこの人の率直な発言に「ゆとり教育」の目指すものがよく表れています。

「できん者はできんままで結構。戦後五十年、落ちこぼれの底辺を上げることにばかり注いできた労力を、できる者を限りなく伸ばすことに振り向ける。百人に一人でいい、やがて彼らが国を引っ張っていきます。限りなくできない非才、無才には、せめて実直な精神だけを養ってもらえばいいんです。（中略）それが〝ゆとり〟教育の本当の目的。エリート教育とは言いにくい時代だから、回りくどく言っただけの話だ」（斎藤貴男『機会不平等』文

春文庫）

これは、子どもたちを一％のエリートと九九％の非エリートに早くから選別して、エリートには手厚く教育投資をし、それ以外の人は切り捨ててもよいという宣言です。エリートでない人は、せいぜい〝実直な精神〟、つまりエリートを下支えし、国を下支えしていく、従順な精神を養ってもらえばよいというわけです。

これが極端になってくると、江崎玲《れ》於《お》奈《な》教育改革国民会議（当時の森喜朗首相の私的諮問機関）座長の次のような発言になります。

「ある種の能力が備わっていない者が、いくらやってもねえ。いずれは就学時に遺伝子検査を行い、それぞれの子供の遺伝情報に見合った教育をしていく形になりますよ」（斎藤貴男、同書）

これは、三浦氏の「できん者はできんままで結構」というのと対応しつつ、ちょっと背筋が寒くなるような遺伝情報決定論社会というものを想定しているわけです。小学校に入るときに遺伝子検査を施し、一人のエリートと九十九人の「非才、無才」を分けてしまおうという。これは、競争原理を追求した結果、最後には競争がいらなくなるという、なんとも皮肉な話です。最後に残る競争は、優秀な遺伝子の夫を手に入れる、優秀な遺伝子の妻を手に入れる、といったことにもなりかねない。恐るべき社会の到来です。

## 「心の東京革命」の実態

ここまで見たように、新自由主義と新国家主義が一緒になって、競争の徹底と管理の強化を推し進めているのが現在の「教育改革」であり、また教育基本法改正論の方向なのです。そして、これを突出した形で進めているのが、東京都の教育改革です。東京都では、石原慎太郎氏が都知事に就任してから「改革」の動きが加速し、新自由主義的な選別システムと新国家主義的な日の丸・君が代の強制という施策が、かなり強引に推し進められています。

新自由主義的な施策としては、学区制の廃止、中高一貫エリート校の創設、習熟度別学級編成などが挙げられますが、その背後にある思想は石原都知事の次のような言葉にも表れています。

「競争をする心は強い心であり、嫉妬をする心は弱い心でしかない。いかに劣勢であろうとも、競争を行なうことは攻撃であり、嫉妬は無為の防御でしかない。／子供たちを強い人間に育てようと思うならば、非常に似通った二つの心のうちの前者をこそ、つちかい与えるべきなのです」（『いま 魂の教育』光文社）

石原氏によると、攻撃的で強い心である「競争をする心」を子どもたちに培い、与えることこそ教育だということになる。彼の言う「心の東京革命」の「心」とは、攻撃的で強い心だということになるでしょう。ここで「嫉妬」と言われているのは、平等を求める考え方は弱者が強者に対して持つ嫉妬に発するものだということでしょう。つまり、教育の機会均等を定めた教育基本法第三条のような平等の理念が攻撃対象になっているのです。

新国家主義的な施策としては、何といっても日の丸・君が代の強制です。これについては、石原都知事が東京都の教育委員に選んだ鳥海巌氏（丸紅元会長）の言葉が何とも象徴的です。

「（日の丸・君が代に反対する人間は）これは徹底的につぶさないと禍根が残る。特に半世紀巣くってきているガンだから、痕跡を残しておくわけにはいかない。必ずこれは増殖する」（二〇〇四年四月九日付毎日新聞）

日の丸・君が代の強制に反対する教員が「ガン」細胞に喩《たと》えられ、まるでナチスによるユダヤ人絶滅作戦のように、痕跡を残さず根絶することが唱えられているのです。

## 犠牲の正当化

このように、国のレベルにおいても、東京都のような地方自治体レベルにおいても、新自由主義と新国家主義がセットになって進んでいる実態があります。弱肉強食の競争をよしとする新自由主義、そして国家という強者の論理を個人に対して優先させる国家主義、どちらも強者の論理であるという点では共通しています。新自由主義による犠牲は、弱いものが淘汰されていくのは敗者の自己責任だ、自由競争による全体の発展のためにはやむをえない犠牲なのだという論理で正当化される。新国家主義による犠牲は、「お国のため」の犠牲は「尊い犠牲」だと言って正当化される。競争による犠牲も、国家のための犠牲もいずれも正当化される。このように見ると、新自由主義と新国家主義の両者は「犠牲のポリティクス」という思想で貫かれているともいえるでしょう。こうした思想が現在の「教育改革」と教育基本法改正論を導いているのです。

新自由主義という考え方は、戦前・戦中に強かった国家主義に比べれば新しいものに見えます。特にグローバル化と一緒に強まってきた議論なので、これは新しい考え方だから従来の国家主義に対する批判では有効でないという議論も一定の説得力を持っているかもしれません。しかし、新自由主義の考え方を歴史的な文脈でよく検討してみると、これは必ずしもまったく新しいものではない。というのも、十九世紀末の資本主義が出てきたころに広がったのは、やはり弱肉強食の論理だったのです。日本でいえば、明治維新以後、明治政府のイデオロギーは、もちろん国家主義を核とするものでしたが、それを補完する形で、弱肉強食論というものが展開されてもいたのです。

たとえば、明治時代に官僚学者として活躍した加藤弘之（一八三六―一九一六、東京大学初代総理）は、当時における社会ダーウィニズムの主唱者です。強者が弱者を淘汰していくのが人間の歴史で、支配者の非支配者に対する関係は強者の権利だから正当なのだといって、当時存在したさまざまな支配抑圧関係が正当化される。たとえば男性中心社会は、強者である男が弱者である女を支配するもので当然なのだとされます。帝国主義も、強国が弱い国を植民地化するのは当然だとされます。事実、加藤は『社会進化論から見た日露の運命』という本を書いて、日露戦争の前に、「日露は戦う。そして、日本が社会進化論から見て進化しているので必ず日本が勝つ」と主張したのです。

このように、江崎氏の遺伝子優劣論にまでつながる社会ダーウィニズムは、十九世紀にすでに全盛を極めていた面があります。そういった弱肉強食論と国家主義の結びつきは、福沢諭吉（一八三五―一九〇一）のような近代日本初期の代表的な思想家のなかにも見出されます。このように考えると、現在の教育基本法改正論が二つの柱を持っているということ自体、明治時代の焼き直しのようにも見えてくるのです。

# 第二章　愛国心教育

## ——私が何を愛するかは私が決める

Ａ　この間（二〇〇四年七月）、中国の重慶でサッカー・アジア杯の試合があったときに、中国人サポーターのひどい日本バッシングがあったでしょう。いい加減にしてくれ、と思いましたよ。

Ｂ　思わず愛国心を覚えましたか。

Ａ　それは自分の国に対してぼろくそに言われたらムッとするのが自然な反応でしょう。

Ｂ　でも、重慶は日中戦争中に日本軍が無差別爆撃をしたところですから、向こうの住民感情としては仕方がないかもしれませんよ。

Ａ　重慶だけでなら被害感情の発露としてそういう反応が起きたというのもわかりますが、決勝戦の行われた北京でも同様の騒ぎがあったでしょう。

Ｂ　日中戦争の戦場は重慶だけではありませんよ。

Ａ　私だって、中国の人たちが日本に対して「コノヤロー」って思う気持ちがあるだろうことはわかっています。でも、重慶でも、北京でも、日本チームにブーイングをしていたのは戦後生まれの若い世代でしょう。おそらく重慶爆撃なんて体験していない、戦争体験者の孫かあるいはひ孫の世代、ふだんは日本製のアニメやＪポップのファンかもしれない若者たちです。ということは、彼らにバッシングをさせているのは、中国の愛国心教育の賜物としかいいようがない。

B　それは仕方がないことじゃありませんか。中国の愛国心教育がけしからんというのなら、日本人が愛国心を持つのもけしからんということにしかならない。どちらかの愛国心だけが正しいということはできないはずですからね。しょせん、人間は自分の立場からしかものを見ることができないのだから、すれ違いが起こるのは当然でしょう。

A　すれ違いを当然としてしまったら、お互い愛国心をふりかざしてケンカになってしまいますよ。日本としては、今回の騒動を他山の石として、国際化の時代にふさわしい節度ある愛国心を教えるべきではないでしょうかね。

高橋　ちょっといいですか。私としても人が自分の住む国に愛着を持つことを一概に否定するつもりはないのですが、しかし、国家が国民に対して愛国心を持つように教育することがよいことだとは、とても思えないのですがね。愛国心を持つことと、愛国心を持つように教育することはまったく別のことです。

## 「愛」か？　「大切」か？

教育基本法改正を目指している人々は、新国家主義的な発想から、新しい教育基本法の中に「愛国心」を盛り込みたいと考えているとみてよいでしょう。前章でも述べたように、教育基本法改正論は一九五〇年代からすでに保守勢力の中にあったものですが、その最も持続的な要求は、愛国心を教育基本法に盛り込むことでした。現在でも、改正論者の最も強い関心は、「愛国心」を明記することにあります。

二〇〇三年三月二十日に、中央教育審議会（文科相の諮問機関＝中教審）が教育基本法見直しに向けた答申を出し、これを受けて政府与党が改正案をつくろうとした際に、連立与党の公明党が慎重な姿勢を示しました。それは公明党の支持母体である創価学会が、もともと創価教育学会であったことと関係しています。創価教育学会の初期のリーダー、牧口常三郎や戸田城聖といった人たちは教育を専門にしていて、戦時中に超国家主義教育に距離をとったため、治安維持法によって弾圧を受けて投獄までされています。その弾圧の記憶があることから、創価学会は教育基本法改正に対して、とりわけ国家主義的改正に対して抵抗が強いため、公明党は慎重な立場をとったのです。

公明党に言わせると、愛国心あるいは「国を愛する心」を新しい教育基本法に入れたいという人々は、国というものを統治機構と考えている。統治機構としての国家を愛するとなると、戦時中に猛威を振るったような国家主義的な愛国心になってしまうから、それには与《くみ》しえないというわけです。そのため、与党の改正案がなかなかまとまらないという事情があったのです。

ところがその後、公明党がこの「愛国心」について「大幅に譲歩した」と伝えられました。その理由の一つには、もう一つ公明党が抵抗していた「宗教的情操の涵養《かんよう》」という項目を盛り込むかどうかに関して、自民党がこれをゴリ押ししなかった。おそらくそれとの関係で、公明党は愛国心のほうでは妥協したのだろうと言われています。それでも公明党としては「国を愛する」という言い方については、あくまで慎重であるべきだとして、「郷土と国を大切にし」という表現を提案したために、中間報告（「教育基本法に盛り込むべき項目と内容について」）では、次のように自民党と公明党の立場の両論併記になりました。

⑥—1　伝統文化を尊重し、郷土と国を愛し、国際社会の平和と発展に寄与する態度の涵養

⑥—2　伝統文化を尊重し、郷土と国を大切にし、国際社会の平和と発展に寄与する態度の涵養

「郷土と国を愛し」のほうが自民党案、「郷土と国を大切にし」のほうが公明党案です。

自民党側、つまり伝統的な改正論者からすると、まず何といっても「愛国心」という言葉をそのまま入れたいはずです。これらの人々の中には「愛国心」が入らなければ改正しても意味がないという人が非常に多い。「愛国心」という言葉を入れたいのに、それを

「国を愛し」、あるいは「国を愛する心」と変えただけでも、表現が弱まるからだめだという人々なので、ましてや「国を大切にし」という表現では妥協しにくいでしょう。

しかし、私の考えでは、「愛」と「大切」のどちらになったとしても、それは事実上、教育の憲法の中に、教育の目標の一つとして、愛国心教育が定められることになるので、ほとんど変わりはありません。日本語には「ご自愛ください」と言うところを「御身お大切に」というふうに言い換える表現もありますし、近世の初めに日本にキリスト教が入ってきたときに、キリスト教の「愛」を「御大切」と翻訳した経緯もあります（『どちりなきりしたん』岩波文庫、参照）。「愛」と「大切」、この二つには大差がないと考えるゆえんです。

実をいうと、すでに文部科学省は「愛国心」を生徒が学習すべき内容として、学習指導要領の中に盛り込んでいます。たとえば『小学校学習指導要領』には、小学校高学年（五年生、六年生）の「道徳」の時間で教えるべき内容として、「郷土や我が国の文化と伝統を大切にし、先人の努力を知り、郷土や国を愛する心をもつ」ことが挙げられています。この文言が、先に引いた教育基本法改正案の与党中間報告によく似ていることは誰の目にも明らかでしょう。この学習指導要領を根拠にして、日の丸・君が代の強制以外に、「愛国心」を評価項目に盛り込んだ「愛国心通知表」や、二〇〇二年四月、文科省が全国の小中学生に無償配布した「道徳」副教材『心のノート』における愛国心メッセージなどが、堂々と教育現場で通用している状況なのです。

「国を愛する」とも、「国を大切にする」とも、まして「愛国心」ともまったく書かれていない現行の教育基本法のもとでも、このようなことが行われているわけなので、そこに「郷土や国を大切にし」という表現が入るだけでも、これが現在行われている事実上の愛国心教育を正当化し、さらにそれを本格化していくものになることは十分予想できるのです。

## 愛国心は悪なのか

では、「愛国心」というものは百パーセント否定されるべきものなのか。愛国心はいわば「真っ黒な」もの、絶対悪なのかという疑問は当然出てくるでしょう。たしかに、どこの国でも多くの人々は自国に対する愛国心を持っているように見えます。日本で愛国心教育への要求が高まったり、ナショナリズムが高まったりすることに警戒感を持ち、批判的であるような韓国や中国でも、自国民の愛国心は非常に強いではないか、愛国心教育まで行われているではないか、という意見もあるでしょう。私が思うのは、愛国心については歴史的な文脈、経緯を踏まえた議論が必要だということです。日本の場合、そのような議論はほとんど見られないように思うのです。

そもそも日本の愛国心教育は、明治政府が成立した後、日本国民の精神をどのような原理によって統合するかと考えた際に、「忠君愛国」の道徳を教育を通して国民に教えようとしたことに始まります。この目的のために、井上毅《こわし》（一八四三－一八九五）が起草した「教育勅語」が明治天皇の名前で「渙発《かんぱつ》」され、そして、それが天皇の言葉とされたがゆえに、法律以上の権威を持って教育を支配したのです。その中身は、繰り返しますが、「お国のために命を投げ出しても構わない日本人」であることこそ愛国心の証明なのだとして、国民に愛国心を注入するものでした。

その結果、度重なる戦争で天皇と国家のために忠誠心を発揮する日本軍兵士を生み出し、日本人の死者三百十万人、アジアの死者二千万人とも言われる犠牲を出して敗戦に至ったのです。戦前・戦中の愛国心教育の結果は、そのような惨憺たる現実でした。

こうした事情があるため、現代の日本の教育の中で愛国心ということを考えるときに、戦争の記憶抜きに考えることはできません。再度強調しておけば、戦後、日本の国家権力は一九五〇年代に主権を回復して以来ほぼ常に、戦前・戦中との連続性の強い保守勢力の人々によって担われてきました。そうした人々の多くは戦前・戦中に、国民精神を動員するためにきわめて有効であった愛国心教育へのノスタルジーを持っていて、それを何らかの形で復活させたいと考えてきたのです。したがって、そのような歴史的な文脈にある以上、日本で安易に愛国心教育を行うことは危険であると言わざるをえません。まして、かつて日本がしかけた戦争で被害をこうむったり、植民地支配下で皇民化教育を強いられたアジア諸国の人々が、日本の愛国心教育に強い不安感や警戒感を持つのは当然といえるでしょう。

逆に、たとえば韓国のナショナリズムについても、歴史的な事情を斟酌《しんしゃく》せずに評価することはできません。日本が韓国を併合したときには、すでに韓国は長い歴史を持つ国で、当時は大韓帝国でした。その韓国が日本の併合によって（併合自体が法的に無効だったという議論もありますが）植民地とされて、国家としてはいったん滅んだのです。そのときに日本の侵略過程でそれに抵抗した人々、あるいは併合後に三・一運動のような独立闘争を行った人々など、祖国の再興を求めた人々の思いを愛国心と言うのであれば、それを否定することは私にはできません。

一方、日本は敗戦の結果、連合国（実態は米軍だったわけですけれども）に占領されました。もしもそのとき、占領軍が「今後、日本語を使ってはいけない、英語を使いなさい。今後、日本国民の名前は全部英語風に変えなさい。今後は信教の自由はない、みなキリスト教を信仰しなさい」などと強制をしていたならば、つまり日本が朝鮮半島で行ったような植民地支配を連合国がそこで始めていたら、私は独立運動を行ったかもしれません。愛国者になっていたかもしれません。

もしもいまの自分と同じ心を持ってそこに自分がいたとすれば、間違いなく怒りを覚えたでしょうし、許せないと思ったでしょうし、何らかの形で抵抗しようと思ったでしょう。公然たる抵抗運動に参加することになるのか、そういう勇気がなくて、ただ面従腹背するだけになるのか、それは分りませんし、公然たる抵抗運動といっても、武装抵抗するのかそうでないのかも分りません。武装抵抗という手段を自分がとることはなかなか想像できませんが、強烈な反発を覚えるだろうことは間違いない。そして心の中ではたぶん、「日本語を返せ。自分の名前を返せ。信教の自由を認めよ」などと叫んだのではないか。それがもし愛国心と呼ばれるのであれば、私がそういうものを持つことは十分ありえます。そのような歴史的状況の中でおのずから生まれてくる愛国心というものを、頭から否定するのは無理があります。

問題は、そのような愛国心が、それぞれの歴史的状況の中で生きている人々の一人ひとりの中に、その人の心情としておのずから生まれてくるものかどうかというところにあるのです。

## オリンピックとナショナリズム

自分が生まれ育った共同体に対して愛着の感情を持つことは一般的にあることで、それこそが「健全なナショナリズム」ではないかという議論もあります。たしかに、自分と同じ共同体に属する人がどこかに出かけていって他の共同体出身者と平和的に競争するような場合に、自分の共同体出身者を応援するということがあっても、それ自体批判されるべきこととは思えません。ただ、オリンピックやサッカーのワールドカップなどで、日本人なら日本のチームが好きで応援するとは限らないということもあるわけです。たとえば、日本のサッカーよりブラジルのサッカーのほうが好きだ、というように。

サッカーであれ、オリンピックであれ、どこの国のどういう選手に肩入れするかは、結局は趣味の範囲の問題です。たとえば陸上の百メートル競走で日本の誰かが決勝に残ったときに、日本人だからその人を応援したいという人は結構いるでしょうけれども、とにかく世界新記録をみたいという人もいるかもしれない。キムチよりも納豆が好きだという韓国人がいるかどうかはわかりませんが、納豆よりもキムチが好きな日本人は結構いるでしょう。キムチ納豆が好きな人というのもいる。

自分の属する共同体から出た人に肩入れしたいという感情は、たしかに多くの人が持つものです。しかし、それを利用して、国威発揚や、あるいはナチス・ドイツのように自国のイデオロギーの宣伝に使うということだって、極端な例ですが十分ありうることです。この危険性を、歴史から学んでおかなければならないでしょう。

オリンピックが元来どういうものだったかについては議論がありますが、現在のように国別にメダルを競い合って、それだけに関心が集まるような事態を招いた大きなきっかけは、実は一九三六年のベルリンオリンピックだったとも言われています。ヒトラーが第一次世界大戦に敗北したドイツ人の誇りを回復しようと、ドイツの国威を発揚し、ナチスのイデオロギー、つまりゲルマン民族の優秀性、人種的卓越性を証明するために、オリンピックでたくさんのメダルを獲得することを国家目標にしたからです。

それを考えると、現在のオリンピックのように、国ごとに競い合うことは近代の産物だともいえるし、それが政治に利用されないとはけっしていえない。現にナチスによって利用された過去があるわけだから、今後も国威発揚やイデオロギーの宣伝という目的を持った政治指導者によって、スポーツによるナショナリズムの高揚が目指され、「ぷちナショ」(香山リカ氏)が真性のナショナリズムに吸収されていくことは十分ありうることです。それに対する警戒心は常に持っている必要があります。

## パトリオティズム

もともと「愛国心」という日本語は、英語のパトリオティズムの訳語として定着したものです。そしてこのパトリオティズムというのは、ラテン語のパトリア（patria）に由来する言葉です。パトリアは、近代になって「祖国」を意味する言葉になりましたが、元来は自分が生まれ育った共同体という意味であって、必ずしも国家を指してはいなかったし、まして近代国家とイコールではありませんでした。

たとえば、エルンスト・カントロヴィッチの『王の二つの身体』（ちくま学芸文庫）の中には「祖国のために死ぬこと」という節があり、そこにパトリアという言葉の意味のヨーロッパにおける変遷が紹介されています。ここでもパトリアは、自分が生まれ育った共同体、つまり郷土を指す言葉だったと説明されています。日本語の「くに」という言葉にも、「お国言葉」とか「お国自慢」というように、郷土という意味があり、そこは似ています。だから、地域でもあったし町や村でもあったし、もっと漠然とした自分の郷土であってもそれをパトリアと言い、これに対する感情的な愛着をパトリオティズムと言ったと考えることができるわけです。

パトリオティズムが百パーセント悪であるとは、おそらくだれも言うことができないでしょう。たとえば福沢諭吉は、「瘠我慢《やせがまん》の説」(『明治十年丁丑《ていちゅう》公論・瘠我慢の説』講談社学術文庫)という論考で、次のように述べています。

「立国は私《わたくし》なり、公に非ざるなり。地球面の人類、その数億のみならず、山海天然の境界に隔てられて、各処に群を成し各処に相分《あいわか》るるは止むを得ずといえども、各処におのおの衣食の富源あれば、これによりて生活を遂ぐべし。(中略)人生の所望この外にあるべからず。なんぞ必ずしも区々たる人為の国を分《わか》ちて人為の境界を定むることを須《もち》いんや」

なぜ人間はお互いに境界をつくって国に分かれるのか、それはいわば自然のなりゆきであると福沢は言うのです。それぞれの共同生活を営む集団ができてくるのは、地理的その他さまざまな要因による、やむをえざる趨勢《すうせい》であって、福沢の言葉を使えば、そこに由来する「偏頗心《へんぱしん》」、つまり自分の属する共同体、とりわけ国に感情移入して、他の共同体・国よりも自分の属する共同体・国を支持する気持ちは、むしろ自然のものなのだと述べています。

## ラッセルの愛国心論

もう一つ例を挙げれば、バートランド・ラッセル(一八七二—一九七〇)のパトリオティズム論があります。ラッセルという人はホワイトヘッドとの共著『プリンキピア・マテマティカ（数学原理）』など、数理哲学で有名な人なので、哲学史的にはどうしても論理学、科学哲学の方に分類されることが多いのですが、一方で反戦運動や社会問題にも深く関わった人です。政治や社会についての著作も多い。そのラッセルが、一九一六年、第一次世界大戦中に書いた『プリンシプルズ・オブ・ソーシャル・リコンストラクション（社会的再編成の諸原理）』という文章の中で次のように述べています。少し長いのですが、引用してみましょう。

「生まれ育った土地、懐かしい家族や近隣の人々への偽りのない愛情からほとばしる家庭愛、郷土愛の根は、地理風土や生物学的感情にある。この素朴な愛情自体は政治的なもの、経済的なものではない。自分の国を思う感情であり、他国を排斥するものではない。非難される点は何もない。しかしそれは現代国家に見られる愛国心とは異なる。

西欧の少年少女にとって、最も重要な社会的忠誠は、彼らが市民（引用者注：これは日本語流に言えば「国民」です）として所属する国家への忠誠であり、国家への義務は政府の命令どおりに行動することだと教えられている。この教えに疑問を抱かせないように、歴史、政治、経済で偽りを教え、外国の過失は必ず指摘し、自国は善良な防衛戦争に立ち上がったと吹き込まれる。

自国が戦火を交え、外地を占領するのは文明を広め、福音を伝えるためだと信じ込ませようと努めている。この政策に立脚する国家主義者が願う愛国心を注入するために、民衆のヒステリーや情動性を利用する。これは国家的利益を握る人々が行う最も恐るべき現代の悪の源泉である。これは国際関係に精通する人々にはだれにも明白な事実である」

このように、ラッセルも、パトリオティズムはもともと自分の生まれ育った共同体に対する愛着の感情であって、自然なものだと言います。しかし、それがとりわけ国家によって、戦争をするための精神的な準備として国民に注入されることは、まったく間違ったことだというのがラッセルの考え方です。

私も、自分の生まれ育った共同体に対する愛着の感情は、確かに、いわゆる近代国家における愛国心に比べて普遍性をもっていると思います。ラッセルは、それは「政治的なもの、経済的なものではない」と言っていますし、「自分の国を思う感情であり、他国を排斥するものではない」とも言っています。しかし、パトリオティズムがもともとそういうものだとしても、政治的なもの、経済的なものになりうる、そして他者を排斥するものになりうることは、近代国家以前の共同体についても言えることでしょう。どんなに小さな集団であっても、集団への帰属の感情が他集団との抗争において戦いのエネルギーになることは常にあったはずで、出発点にあったパトリオティズムが無垢《むく》な平和なものであり、それが近代になってスケールの大きな国民国家に拡大されたときに悪になったと考えるのは、物事を単純化しすぎているのではないでしょうか。逆に、近代国家における愛国心はすべて百パーセント悪かと問われれば、私は必ずしもそうではないと答えます。

## 国を愛することと排他性

おのずから人々の心の中に生まれてくるパトリオティズムは必ずしも悪いものとはいえないだろうと言いましたが、歴史の中では解放的な役割を果たす場合すらあります。「ナショナリズム」という言葉ですら、それが肯定的に使われていた時代がかつてあったのです。

たとえばアメリカのウィルソン大統領は、第一次大戦後に「民族自決」の原則を唱えましたが、それが植民地の人々のナショナリズムを刺激して、宗主国からの独立運動を促しました。さらに第二次大戦後は、アジア・アフリカの広範な地域でそういった現象が見られたのです。欧米や日本の植民地主義の支配下にあった人々が独立する際、さまざまな無理を伴ったことで、ゆがんだ国家主義を生みだしたというケースもありました。そのような問題がまったくなかったとはいえませんが、しかし植民地支配から独立する過程で、独立をめざした人々が持ったパトリオティズムが解放的な役割を果たしたことは否定できないはずです。

近代のナショナリズムはフランス革命で成立したといわれています。フランス革命も昔からさまざまな問題点が指摘されていますが、自由・平等・友愛という理念や人権宣言などの成果がそこから生まれました。紆余曲折はありましたが、近代的な人権概念や思想・良心の自由を世界に拡大していく、一つの大きなきっかけになったことはまちがいありません。その意味で、フランス革命のナショナリズムも完全に否定し去るのは行きすぎでしょう。

しかし、そのようにして成立したフランス共和国というものは、まさにナショナリズムのもと、ネーション（国民）を強力に統合しようとしたために、抑圧的な面ももっていました。国内のさまざまな地域の人々にパリのフランス語を強制したり、あるいはヴァンデー地方の反革命勢力を虐殺したりと、血塗られた歴史を伴ったことは、ナショナリズムの負の側面として問題にする必要があります。

フランス革命にしても、第一次大戦後の民族自決主義にしても、第二次大戦後のアジア・アフリカ諸国の植民地からの独立にしても、解放的な側面があると同時にさまざまな負の側面も残しています。およそ歴史のあらゆる場面において、百パーセント良かったり、百パーセント悪かったりということはほとんどありません。そう考えれば、このことはべつに不思議なことではないのです。

忘れてならないのは、国を愛することには本質的に排他性が伴うことです。国に限らず、血族集団や、もっとプリミティブなものであっても、共同体が愛の対象になると、その共同体の各構成員を結びつける同一性の原理、アイデンティティの原理が要請されます。つまり大勢の人々が共同体としてまとまっているのは、その構成員がたがいに何らかの点で同一性を認め合っているからです。同じ言葉を話すとか、同じ土地に生まれたとか、同じ血統に属するとか、リアルなものもイマジナリーなものも含めて、さまざまな要素を動員して、われわれはみな同じだ、あいつらは違うといって共同体が成立するわけです。そうすると、そこに「われわれ」とは違うものとしての「あいつら」を排除するという要素が必ず出てきてしまいます。

要するに、どのような場合でも共同体というものは、とりわけ国家の場合には強力に「われわれ」と「他者」とを区別しますから、そこに暴力性がないとは言えないのです。この意味で、愛国心は必然的に他者の排除を伴うわけです。そのことは、私たち一人ひとりの生存が、意識されない暴力性をもっているかもしれないというところまで広げることもできます。そして、この側面をナショナリストや国家主義者たちは意図的に強調して、他者を排除し暴力を正当化するのです。

## 「甘粕と大杉の対話」

愛国心について考える上で面白い文章があります。一九二三年の関東大震災直後に執筆され、一九二九年に発表された「甘粕と大杉の対話」と題された架空対談で、『清沢洌《きよし》評論集』（岩波文庫）に収められています。作者の清沢洌（一八九〇―一九四五）は、小日本主義を唱えた政治家、石橋湛山（一八八四―一九七三。新聞記者から転じて戦後、政治家となり、五六年に首相）に近いリベラリストで、一九四二年から一九四五年まで太平洋戦争中につけていた日記、『暗黒日記』（ちくま学芸文庫）でも知られる評論家、ジャーナリストです。

「甘粕と大杉の対話」は、題名の通り甘粕正彦と大杉栄という二人の人物を登場させた架空対談です。架空とは言っても登場する二人は当時よく世間に名前を知られていた実在の人物で、しかもこの二人の間には浅からぬ因縁があります。

甘粕正彦（一八九一―一九四五）は陸軍軍人で、歩兵少尉、憲兵大尉を経て一九三一年に中国東北部に渡り、日本の傀儡《かいらい》国家だった満州国の要職について権勢を振るった人です。大杉栄（一八八五―一九二三）は大正時代に活躍したジャーナリストで、アナーキズムの立場から社会批判に健筆を振るっていましたが、関東大震災直後の混乱の最中、当時、麴町憲兵分隊長だった甘粕大尉によって、九月十六日にパートナーの伊藤野枝らとともに扼殺《やくさつ》されてしまうのです。この事件によって甘粕は軍法会議で懲役十年の判決を受けて服役し、軍人としての栄達の道は閉ざされますが、一九二七年には出獄して満州に渡ります。清沢が架空対談に登場させた二人にはこういう因縁があるのです。

この清沢の架空対談は、獄中にある甘粕の前に、彼に殺された大杉の幽霊が現れるところから始まります。「国家のために貴様を切った」(実際は首を絞めて井戸に突き落とした)、つまり愛国心の故に法を犯し人を殺すことも正当化されると言う甘粕に対して、大杉は「君と僕とは同じ幹になった枝に過ぎないのだ」と言って議論をします。この大杉は歴史上の大杉栄ではなく、いわば清沢の分身で、生前の大杉がアナーキストであったのに対して、ここでは「あるがままの国家の存在を前提として語っている」と言って、国家を認めたうえで甘粕と対話をしているという設定です。

「日本の国体は君臣父子の関係があり、この尊貴なる国家を守るための愛国心は日本独特なもの」と言う甘粕に対して、大杉(=清沢)は次のように反論します。

「君らは愛国心が日本人——詳しくいうと君ら軍人の専売のようにいうネ。専売なら日本人の専売でなくて、高等動物全部の専売さ。門の前に蟠踞《ばんきょ》していて外から来た人間や犬に対しては、ガンガン吠えて、その家を守る犬は諸君軍人に比して『愛国心』に於いて劣るところがあるかネ? 自分の群の女王を守って、他の群に属するものは間違って来ても噛み殺す蟻は、君らから見て『愛国心』に見えないかネ？　ラッセルなどは、『愛国心は人間の天性の不合理なる本能的基礎の一部であって、かの敏感なる人々の行動を論理的に刺戟するところの合理的なる幸福を要求する事の一部をなすものではない』といっておる」

ここで清沢は、大杉の言葉に仮託して、愛国心とは福沢諭吉の言う「偏頗心」で、自分たちの群れに同一化する高等動物すべてが持っている本能にすぎない、そんなものを素晴らしいことのように言っている日本人や日本の軍人はとんでもない間違いをしている、それは不合理的な本能なので、むしろ危険なものである、と言っているのです。

「人類のために有用であると、有害であるとにかかわらず、愛国心が動物につき纏《まと》う本能である以上、決してそう易々と取り去られるものではない。愛国心の最も大なる教師は戦争だ。日本の日清、日露の大戦がなかったら、今のような愛国心が日本人に生れたか。自分の藩主にだけしか忠義を尽すことを知らなかった日本人が、今のように日本国家というものを対象とする熱烈な愛国心の所有者になったことは、いわゆる外患に対して極力herd instinct——集団本能を煽った結果ではないか」

「僕は愛国心は動物誰もが持っておる感情的本能で君らが威張るほど特種なものでも何でもないといったまでで、俺の善悪をいってはしないよ。だがしかし『君らの愛国心』——反省と理論と科学のない愛国心が、世界人類のためは勿論、君の愛するという国家と、また君の血肉の上に何らの幸福を齎《もた》らさないことだけはいえると思うネ。今後日本の国家に、永遠に瘤《こぶ》の如くに煩《わずら》いするのは君らの国民に強《し》いんとする愛国心だと思う」

今後、日本の国家に「永遠に瘤の如くに煩いする」のは、国民に強制している愛国心だと言っているわけです。大杉（清沢）が言うように、愛国心が文字通り「動物誰もが持っておる感情的本能」であるかどうかについては微妙なところがありますが、それ自体は善でも悪でもない愛国心を煽ることが、国際社会はもちろん、日本国民にとっても「何らの幸福を齎らさないこと」は、その後日本の引き起こした戦争の惨禍と敗戦によって、ある意味で証明されたわけです。

ちなみに、この架空対談は大杉が「俺は、二、三十年たって、も一度君のところに来るよ。さようなら……」と言って終わりますが、歴史上の甘粕は、大杉の死から二十二年後、日本の敗戦とともに自決しました。

## 愛の法制化

現在の日本の教育の中で、教育基本法改正にからんで問題になっている愛国心は、「パトリオティズム」や「偏頗心」や「感情的本能」ではありません。教育基本法の中で「愛国心」を教育の目標として定めようということ自体がすでにそれを裏切っています。愛国心教育を法的に正当化し、それを国家的に公教育という装置を使って行うわけですから、人々の中におのずから生まれてくる愛国心ではなくて、国が上から人々に注入し強制する愛国心になってしまう。それが「愛国心の法制化」（三宅晶子氏）といわれていることの問題性です。何を愛するかは個人の自由、最も自由な領域に属するべきことです。

もちろん、愛国心をもちたいという人に、それを禁止する権利は誰にもありません。人によっては、公明党が嫌っている統治機構としての国を愛する人だっているかもしれない。権力志向の人は国家権力者になって、その政府を愛する人だっているかもしれない。それは「愛」なのですから、その愛を禁止するということは原理的にできないのです。国家からの強制ではなく、自分自身で愛国心をもちたいと言っている以上は否定することはできません。それを否定してしまうと、思想・良心の自由も否定しなければならないので、自己矛盾になってしまいます。

大切なのは、同時に、自分は愛国心をもちたくない、あるいはそういう教育を押しつけられたくない人の自由権も認めるべきだということです。近代民主主義国家においては、人々の愛を「これを愛せ」という形で法制化することは間違いです。何を愛するかは一人ひとりが決めることで、たとえ対象が何であったとしても、国家が、私が何を愛するかを強制することができるはずはないのです。

愛の法制化による愛国心教育は、愛国心を育てようという立場から見ても矛盾したものになるでしょう。愛国心をもちたくないという人に、無理やりもたせた愛国心ははたして愛国心といえるのかという問題です。明らかにいえないでしょう。逆に反発してしまうか、あるいはうわべだけ愛国心をもっているかのように繕っている状態になるのが関の山でしょう。国家のために国民に愛国心をもってもらおうとしている人たちにとっても、そういう愛国心では、いざとなったときに役に立たないのではないか。嫌だという人に押しつけるのは「本当に愛国心教育なの？」と皮肉な疑問を浮かべざるをえません。

この意味で、日の丸・君が代の強制などは愛国心教育としても拙劣だといわざるをえません。なぜそれが、まかり通っているのでしょうか。日本の場合、国家イコール「お上」の意思にそむかない、あるいは自分が属する組織の上意に反しないことが自分の利益にもなり、また保身にもなるという、いわばアイヒマン的な精神が現場を動かしているのでしょう。

アイヒマンはナチのユダヤ人絶滅機構で辣腕《らつわん》を振るった官僚ですが、絶対悪あるいは極限悪――数百万に及ぶユダヤ人大量殺戮《さつりく》の下手人の一人にしては、ひどく凡庸なドイツ人だったということがよく強調されています。「普通の人」が組織の中で自分の立場を維持するために、あるいは出世したいがために、お上の意向を進んで実現しようとした結果、恐ろしい悪事に無自覚なまま手を染めていく。それと構造としては同じことが、今の日本社会にもあるのではないでしょうか。

## 法は闘いの武器である

「愛国心の法制化」と言いましたが、現在の教育基本法の中にすでに愛の法制化が行われています。それは第一条「教育の目的」です。

「教育は、人格の完成をめざし、平和的な国家及び社会の形成者として、真理と正義を愛し、個人の価値をたっとび、勤労と責任を重んじ、自主的精神に充ちた心身ともに健康な国民の育成を期して行われなければならない」

先に「個人の価値をたっとび」というところを、教育基本法のよい点の一つだと述べましたが、「真理と正義を愛し」という文言がある以上、ここにも愛の法制化が起こっているわけです。教育を通じて真理と正義を愛する国民をつくる、育成するということがそこでうたわれているからです。そうすると、愛という以上は思想・良心や、内心の自由にかかわることですから、そこに国家が介入することになるという議論が出てきても当然ですし、そういう議論はありうると思います。

「人格の完成」も、「人格」をどう理解するかによって評価は分かれてくるわけですから、教育基本法という形で国家の教育の方針、理念を法制化すること自体、教育の自由に対する国家的な介入ではないかという考え方だって成り立つわけです。教育基本法第一条には、愛の法制化が明文化されている。それ以外のところにも、教育基本法はある種の価値観を前面に出している法律です。これに対する評価は分かれるでしょう。

まず第一に、「国を愛すること」と「真理と正義を愛すること」を、同じ愛だからといって同じように評価してよいのかという論点があります。これは教育基本法全体の解釈、評価につながることですが、これも時代、あるいは歴史の流れのなかでどういう役割を果たすものかというところに注目して評価すべきだと私は思います。一九四〇年代後半の敗戦直後の日本では、戦前・戦中の教育勅語・修身体制によって教育された人々が圧倒的多数だったわけで、民主主義って何？　平和主義って何？　という国民だったわけなので、日本国憲法の理想を実現しようとするならば、教育勅語や修身の教育を真っ向から否定する戦後教育の理念が必要だったという事情があります。

真理への愛についていえば、戦前・戦中には天皇と国のためであれば真理すらも犠牲にされました。天皇と国のためになったかどうかきわめて疑問ですが、大本営発表のような実態とかけはなれた情報操作が堂々と行われていました。あるいは皇室の神話を日本の歴史に置き換えて国民に皇国史観を注入するということもあったのです。真理とは何か、ということを認識論的に議論すれば大変なことになりますが、たとえば、神武天皇が本当に実在したかどうかとか、広島に八月六日に原爆が落とされたかどうかとか、そういったことは一般的な意味で真偽の判別がつくわけです。そういった「嘘に基づかない教育」を打ち出すという意味で、歴史的な文脈での戦前・戦中的な教育に対するアンチとして、「真理への愛」が言われたことは理解できます。

正義への愛についていえば、戦前・戦中には天皇への忠誠が正義とされて、皇軍の戦争は正義の戦争であったわけですが、実際に行われていたのは侵略・植民地支配という不正でした。教育基本法が、その巨大な不正の上に成り立っていた戦前・戦中の国家に対して真の意味で正義というものを尊重する教育を言おうとしたのだとすれば、その点において意味があるのではないかと私は思います。ただそれにしても愛の法制化であることには変わりはないので、その歴史的な役割をどう評価するかということでしょう。

法律というものはいわば、常にある種の闘いの武器なのです。憲法にしても、人民が自分たちの権利を為政者に認めさせた結果が近代の憲法です。そう考えると、敗戦直後の日本で憲法や特に教育基本法が戦前・戦中の価値観を否定する新たな価値観を盛り込まれた形で制定されたということには、歴史的な意味があったと思います。

もしも教育基本法の理念が戦後教育を通して実現されてきていて、戦前・戦中的な価値観がマイナー化されていくことになれば、将来、もう教育基本法はいらないという時期が来てもおかしくありません。国が法律で公教育の理念を決めるのは教育の自由に対する侵害になるから、それをやめて自由にしましょうという議論が起きることもあるでしょう。さらに文科省・教育行政はいらない、あるいは教育行政、教育委員会はあってもよいけれど、それを戦後最初期にそうだったように、本当に公選制にして行政権力から切り離す形にできるような政治的・文化的状況になれば、場合によっては教育基本法を廃止してもよいはずです。

けれども、実際にどうなったかといえば、教育基本法は脱占領後さっそく棚上げにされて、教育行政が教育現場を支配するようになり、今日では教育基本法の国家主義的な改正が目論まれているわけです。「お国のために命を投げ出しても構わない日本人を生み出す、これに尽きる」という発言が公然と行なわれる状況ですから、こういう中で現在の教育基本法を捨てることは、闘いの武器を捨ててしまうことだと思うのです。

## 公共性の教育へ

愛国心の衰退を嘆く人の中には、子どもや若者たちに、社会・公共に対する関心を失わせたままでよいのか、という意見もあります。社会や公共性に対する関心をもっと喚起すべきだということについては、私には何の異論もありません。問題は、公共的な事柄への関心と愛国心との間には、何の必然的な関係もないということです。むしろ、愛国心を強調しながら公共性を言っている人たちの「公共性」なるものは、実は特殊な公共性なのではないでしょうか。

かつて、日本語で言う「公」は、明治から敗戦までは明確に天皇を意味していました。草場弘という戦前・戦中の教育学者による「修身」の教師用解説書『修身科講座』(一九三八)には、「公」について次のような説明があります(原文は旧字体)。

「『公』をおおやけと訓《よ》むが、これは大家の意味にて、もと、皇室の義である。皇室は私に在《おわ》しまさず、国そのもの、公そのものに在しますことを示す最もよき表現である。我々の家がともすれば個人のため、個人の存続のために在る如く考え易いのに、皇室こそは最もよく、公の義、公の為を離れて日本の家の存し得ざることを示し給うものである」

これは、日本の家は公を離れて存在しえないことを示しているのです。

「故に我が国の歴史はやがて皇室の歴史であり、皇室の御事業は同時に国家の事業である。皇室の安危は直に国体の安危であり、そのまま国家の安危である」

このように、「修身」の中では「公とは皇室である。すなわち天皇である」ということが教えられました。滅私奉公、すなわち私を滅して公に奉仕するというときの公は、皇室

・天皇という意味を核とした国家なのです。このような「公」のイメージは、戦後日本でも、伝統的、復古的な傾向を有する国家主義的教育基本法改正論者の中でいまだに強く、「新しい教育基本法を求める会」が二〇〇〇年九月、当時の森喜朗首相に六項目の要望書を出したときの第一項目「古来、私たちの祖先は、皇室を国民統合の中心とする安定した社会基盤の上に……」にもそれが表れています（後章にて詳述）。公共性を語るときに、教育基本法改正論者の中には、いまだに天皇中心の国家が日本の公共性だと考えている人たちが多いということは忘れてならないことです。

公共性というものを、そういう復古的な国家観から切り離して考えるならば、また違った議論ができます。たしかに、国・国家というものが一つの大きな共同体である以上、たとえば会社といった中間的な組織に比べて、より大きな公共性をもっているとはいえるでしょう。しかし、国が最終的な公共の場とはいえません。より外側のものとして、たとえば国際関係が考えられますし、もっと思想的に、あるいは哲学的に言えば、見えない他者とか、過去の人々や未来の人々まで含めて、そういった人々の普遍的利害を考えるのが真の公共性であるともいえます。現在の人々だけで公共性を考えている立場に対しては、常に過去の、死者の記憶があるとか、あるいは未来のこれから生まれてくる世代の問題があるという議論が可能なわけです。私自身は、閉じられた共同性を超えていく運動なしに、公共性を考えることはできないと思います。

　公共性とは、閉ざされた共同体を常に超えていく運動、あるいは、そういう移動する空間のようなものです。もしも公的空間、パブリック・スペースというのであれば、そこに常に避けがたく生じてきてしまう境界線を、外に向かって開いていく運動なしにパブリックとはいえません。常に共同体の枠からはみ出していく、公共性とはそういうものなのです。公共というときに、私たちはどうしても実体的なもの、固定されたものをイメージしがちですが、パブリックというものは、企業や国のような特定の固定した組織や共同体には重ねられないのです。国家のレベルで公共性を固定してしまう考え方は単純にすぎるといわざるをえません。

　そういった公共性に対する関心を喚起することは、教育の重要な役割です。しかし、それと愛国心とを結びつけるのは、まったく必然性がありません。

　愛国心とは別の公共的な事柄への教育を構想するなら、国を単位にする必要はありません。国内にも世界にも、無数に、公共的な関心を向けるべき問題が、しかも歴史的にも現在的にもあるわけですから、そういった問題を実際の教育の場で取り上げて、基本的知識を提供し、多様な見方を提供し、そして議論していく。そういう形で公共的な事象に対して関心を持つように促していくことは当然すべきことだし、できるだろうと思うのです。

社会科という教科は、公共的な事柄への関心を喚起するために重要な役割を果たしうるはずです。戦前は、地歴（地理・歴史）という形で皇国史観を教える教科でしたが、戦後、日本国憲法の「理想」を実現するために教育基本法が定められてからは、憲法を教えるというかなり重要な役割を社会科は担っていました。社会科は、憲法と同時に日本に導入された民主主義を教える科目として成立したともいえるのです。けれども、現実には教育基本法の言う「良識ある公民たるに必要な政治的教養」（第八条）を身につける場が、実際の学校の授業の中にはほとんどなかった。社会科も受験のための暗記科目になってしまって、実際に民主主義について学習する機会がほとんどないままになっているのが実態ではないでしょうか。その意味では、ただ文科省が学習指導要領を押しつけてきたということだけで、教育基本法が実現されてこなかったとはいえないところがあります。

社会科の時間は、そういう政治的教養を身につけ、公共性に対する関心を十分喚起するべき場でしょう。その意味で、政治的教養を教えるということをもっと積極的に考えるべきではないでしょうか。

# 第三章　伝統文化の尊重

## ――それは「お国のため」にあるのではない

A　うちの子どもが夏休みに「伝統的な音楽を鑑賞して感想文を書け」という宿題を出されたので、子どもを連れて久しぶりにCDショップに行ってみたんですが、驚きました。店の中には「邦楽」というプレートを付けた棚がズラリとあるのでそちらを見てみたら、それがなんと最近の流行歌ばかりなんですよ。あれはポップスとかロックというのじゃないのかな。

B　最近ではポップスのうち日本人が演奏したり歌ったりしているものを邦楽というんですよ。外国人によるものが洋楽、もっとも欧米系の人のジャズやロックに限られますがね。欧米系でもシャンソンやタンゴ、南米のフォルクローレはたいてい民族音楽です。あくまでもCDショップの便宜的な分類ですけれども。

A　でも、「邦楽」といったら、ふつうは三味線とか、箏曲《そうきょく》とか、そういう、まさに日本の伝統音楽のことを思い浮かべませんか。

B　そういうものはたいてい伝統音楽とか、民謡のコーナーにあると思いますよ。それで適当なものは見つかりましたか。

A　ええ、おっしゃるように「伝統音楽」と書かれた棚で見つけることができました。子どもが沖縄出身の歌手のファンなので琉球民謡にしました。

高橋　面白い話ですね。琉球民謡が日本の伝統音楽ですか。

**A**　違うんですか。

**高橋**　先ほど聞いたCDショップの分類なら民族音楽に入れてもよいような気もしますが、微妙なところですね。いずれにせよ、何を日本といい、何を伝統とするのかによって違ってきます。

**B**　怖いなあ、高橋さんに「日本の伝統」なんて言ったら全否定されるんじゃないのかな。そもそも学校教育に「伝統文化」を持ち込むことはナショナリズムの強制につながりかねないから反対だ、とそういう話になるんでしょう?

**高橋**　いやいや、そんなに早まらないでくださいよ。そう単純なことを言うつもりはありません。僕も盆踊りは子どものころから好きだったし、伝統文化の貴重さを何ら否定するものではありません。それどころか大学の哲学教師としては、プラトンや、アリストテレスや、デカルトや、カントや、そういった古代・近代の古典的な哲学について語ったり、西洋哲学の伝統について学生に教えたりしているわけです。大学教育もその一つである教育の役割には、伝統文化の世代間継承という重要なものもあり、これを否定すれば、人類の文化はひどく薄っぺらなもの、歴史性を欠いた刹那的なものになってしまうでしょう。

その意味では、私も哲学の面では、はばかりながら伝統文化の尊重者の一人であると思っていますよ。でも、何を伝統というのかとよく考えてみると、CDショップの分類ではありませんが、世間でいわれている伝統文化というものは、便宜的に決められていることが多いようですね。

たとえば、教育基本法を改正しようという人たちは、現在の学校教育では日本の伝統文化が軽視されているので、教育基本法に「伝統文化の尊重」を盛り込もうと言っていますが、教育基本法が伝統文化を学校で教えてはいけないと禁じているわけではないし、現に古典文学や伝統芸能は教材として取り上げられてきています。

**A** それでは、なぜ今さら、「伝統文化の尊重」が教育の場で求められなければならないのか、ということですね。

## 「伝統・文化」の不可解

教育基本法改正を唱える文章の中には、中教審の最終答申のように、「『伝統・文化』を尊重」すると、「伝統」と「文化」の間に「・(ナカグロ)」を入れてあるものもあれば、与党の中間報告のように、「伝統文化」と四文字熟語のように書いてあるものもあります。些細《ささい》なことのようですが、これにはどういう違いがあるのでしょうか。

文化、とりわけ近代の文化には、伝統を破壊するものとしてあらわれてくる側面が避けがたく含まれていました。文学や思想、あるいは音楽や美術といった芸術など、文化といわれてまず思い浮かべるような典型的なものについては、概ねそういえると思います。たとえば、近代詩といわれるものは、古典的な和歌や俳句、漢詩などの定型を破壊して出てきました。その近代詩が伝統とみなされるようになると、さらにそれを破壊したり、逆に定型詩の表現を取り入れたりして現代詩が生まれてきたのです。

歌舞伎役者の中村勘九郎氏（二〇〇五年、勘三郎を襲名）は、古典的な演目を現代的な演出で演じたり、新作歌舞伎の上演に力を注いだりしていることで知られていますが、「歌舞伎は江戸時代の現代文化だ」と言っています。「江戸時代の現代文化」という言葉は、歌舞伎は江戸時代にそうであったように、現代でも生きた文化なのだ、伝統芸能として博物館行きにされてたまるか、という自負を示しているのでしょう。江戸時代以来の歌舞伎の伝統といっても、先代の芸を受け継ぐ上にさらに何か工夫していかないと、次の世代に継承すべき芸として残りません。それが伝統だからといって従来の芸を繰り返しているだけでは、歌舞伎が死んだ文化になってしまうという問題意識があるのでしょう。

このように、伝統文化というものは絶えず批判され、破壊され、そして再構築され、その上で新しい「文化」が生まれてくるのです。そうすると、「『伝統・文化』を尊重し」というのは、実はよくわからない概念のアマルガムなのではないでしょうか。このような主張をする人たちの意図は、「・」をとった「伝統文化」を尊重しようということであって、

「・」は、伝統的ではない文化は尊重しなくてもよいのか、と言われたくないための予防措置なのかもしれません。教育基本法や憲法をめぐって主張されている「伝統・文化の尊重」という言葉は、かなり曖昧なものであることを確認しておきましょう。

**伝統文化と愛国心**

さて、ここでもう一度、教育基本法改正のための与党中間報告を見てみましょう。

⑥―1　伝統文化を尊重し、郷土と国を愛し、国際社会の平和と発展に寄与する態度の涵養

⑥―2　伝統文化を尊重し、郷土と国を大切にし、国際社会の平和と発展に寄与する態度の涵養

このように、「伝統文化の尊重」は、「郷土と国を愛し」という文言につながっています。公明党案では、「愛し」が「大切にし」になっているだけです。「愛」と「大切」に大きな違いがないことはすでに述べました。つまり、伝統文化の尊重を教育基本法に明記したい人たちは、郷土愛、愛国心とセットでこれを考えている。「愛国心」と「伝統文化」

は関係が深い論点なのです。教育基本法の中には、そういう文言はありませんが、学習指導要領第3章「道徳」の中にはこれが出てきます。

小学校5・6年――「郷土や我が国の文化と伝統を大切にし、先人の努力を知り、郷土や国を愛する心をもつ」

中学校――「日本人としての自覚をもって国を愛し、国家の発展に努めるとともに、優れた伝統の継承と新しい文化の創造に貢献する」

この学習指導要領を反映して、『心のノート』の中にも、関連する記述が出てきます。たとえば、小学校高学年用の『心のノート』では、「郷土や国を愛する心を」という四ページの節があり、その最初の二ページでは富士山の写真を大きく真ん中に置いた上で、「見つめよう　わたしのふるさと　そしてこの国」とあり、「この国を背負って立つのはわたしたち。わたしの住むふるさとには、わが国の伝統や文化が脈々と受けつがれている。それらを守り育てる使命がわたしたちにはある」と書かれています。

さらに、後半の二ページには、「語りつぎ　受けつぐ日本らしさ」という見出しのもとで、「わたしたちの生活に息づく日本の文化。語りつがれ受けつがれてきた日本の心。いま、それをどれだけ感じることができるだろうか」という文章があって、具体例が挙がっています。

一つは「俳句」です。「五七五。わずか17文字がえがきだす心の世界」。

次に、「木造建築」。ここには法隆寺の柱の写真が入っていて、「木造の建物は自然との調和がはかられている。木はわたしたちとともに生き続ける」と書いてあります。

三つ目は、「季節の行事」です。餅つきと、どこかのお祭りの写真が入っています。

四つ目が、「浮世絵」です。歌川広重の「名所江戸八景」の絵が掲載されています。

五つ目が、「邦楽」です。「日本には日本の歴史の中で生まれはぐくまれた音楽がある。その音色を耳にしたとき、わたしたちの音のふるさとに出会ったような気がする」とあり、「あなたの好きな日本の伝統音楽」を書き込むようになっています。自分で具体例を書き込む形式になっているのは、「邦楽」のほか「伝統工芸」、「技術」、「伝統芸能」があります。すでに具体例が写真で挙げられているのが、「俳句」と「木造建築」と「季節の行事」と「浮世絵」です。

ここで言う「技術」とは、伝統工芸のことではなく近代技術のことを指していて、「我が国の高度な技術には世界にほこれるものがたくさんある。船や橋をつくる技術、トンネルをほる技術などは世界の最高水準だろう。これらは、伝統の中にある創造の力を生かしたわたしたちの先輩の努力の結果である」とあります。これは言ってみれば、NHKのテレビ番組「プロジェクトX」の世界です。伝統と文化を曖昧なまま一緒にしていますから、近代技術もちゃっかり日本の「伝統・文化」に入れてしまうことができるのです。

一方、中学校版『心のノート』の愛国心のところは、「この国を愛しこの国に生きる」という小見出しが立てられています。一、二ページ目は、絵にかいたような愛国心の勧めになっていて、三、四ページ目では「あなたは『日本の伝統や文化』（引用者注：ここも「伝統や文化」なのですね）の頼りになる後継者である」と断定している。日本の全中学生に対して、「あなたは『日本の伝統や文化』の頼りになる後継者である」、「受け継ぐ伝統がある　新たな文化の創造もある」と言っているわけです。

その「日本の伝統や文化」としてどんなものが挙げられているかといえば、ここに載っている写真では、合掌造りの家、餅つきの杵と臼、筆、新幹線、能、陶器、着物の絵つけです。並べてみてもあまり一貫性がなく、つかみどころがありません。しかし、一つ言えるのは、ここにある「伝統文化」は「わが国日本」という自意識と結びついていて、しかも、いわゆる典型的な日本文化とされるもののみに焦点が当たっていることです。

たとえば、アイヌや沖縄の特徴的な文化は、ここにはまったく取り上げられていませんし、在日外国人の社会で受け継がれている文化も、まったく取り上げていません。「大和」

に限られた伝統文化にしかなっていないのです。

また、新幹線のような現代技術、テクノロジーまで日本らしい伝統文化だということになれば、何が「伝統文化でないもの」になるのか、きわめて疑問です。このとおりに考えていくと、日本企業の製品もすべて日本の伝統文化になりかねないのです。

中国に行ってラーメンを注文しようとしてもメニューにない。よく似たものはありますが、日本で食べられているラーメンではないといいます。ラーメンだけではありません。カレーライス、コロッケ、ハンバーグなど、外国の料理が日本化したものを挙げていけばきりがありません。この考え方でいくと、それらも日本の伝統文化というるでしょう。

このように、ここで日本の伝統文化と考えられているものは、きわめて曖昧で、つかみどころがないものです。はっきりしているのは、いわゆる大和的なもの以外は眼中にないということですが、それにしても基準はきわめて曖昧だということができます。

小学生版の『心のノート』では、和食や和服を伝統文化に挙げているのですが、納豆よりもキムチという人は少なくないし、ほとんどの人はふだん洋服を着て暮らしています。音楽でも私たちがふだん耳にしているものはジャズやロックの系譜を引くものです。

というわけで、現実の日本人、とりわけ若い世代にとって、伝統文化としてここに挙げられたもののどれか一つでも趣味で親しまれているかというと、俳句をたしなみますという人はある程度いるでしょうが、浮世絵とか邦楽といわれても、ピンとこない人が多いでしょう。

そもそも、今日の私たちが日本の文化だと思っているものが、もともと日本に固有の純粋な日本文化だったかといえば、歴史が示してくれるように、実はそうではないものがたくさんあります。陶器にしても、もともとの技術は朝鮮半島から伝えられたものですし、漢字や仏教もそうでしょう。中国大陸や朝鮮半島の文化の影響なしに、日本の文化を考えることができないということは、あらためて説明するまでもない事実です。

音楽であれ、食事であれ、食材であれ、外国から輸入されてきたものを、私たちが自分たちの生活文化の中で好ましいものとして享受するうちに、だんだんと融合していき、やがては新しい日本の伝統文化になるかもしれません。伝統文化というものも、常に今、現在において新しくつくられつつあると考えることもできるので、過去に終わってしまった、博物館に入っているものを伝統文化と称して、それの後継者になれといわれても、子どもたちは困ってしまうのではないでしょうか。

## 「伝統文化」の背後にあるもの

もう一つ問題があります。それは、教育基本法改正論を推進している人たちにとって、日本の伝統文化の中心には、まちがいなく天皇制があるということです。二つの資料を見てみましょう。

一つは、先述の「新しい教育基本法を求める会」というグループが、二〇〇〇年九月十八日、当時の森喜朗首相に提出した「新しい教育基本法へ六つの提言」というものです。

この「新しい教育基本法を求める会」は、財界人、学者、文化人などで構成されています。会長の西澤潤一岩手県立大学長をはじめ、代表委員には、石井公一郎元ブリヂストンサイクル社長、坂本多加雄学習院大学教授（故人）、西尾幹二電気通信大学教授、長谷川三千子埼玉大学教授、三浦朱門元文化庁長官、事務局長の高橋史朗明星大学教授（肩書はいずれも当時）などの名前が見えます。これらの人々は、日本の歴史教科書が「自虐史観」に汚染されていると批判し、扶桑社から自分たちの歴史観に基づく教科書を出版した「新しい歴史教科書をつくる会」の代表的なメンバーでもあります。メンバーが完全に一致しているわけではないのですが、「つくる会」を中心としてつくられたグループだといっていいでしょう。そして、このグループが、教育改革、教育基本法改正を目指して「民間教育臨調」（「日本の教育改革」有識者懇談会）と自称し、さらに大きなグループをつくりました。この民間教育臨調は、民間で教育基本法改正を目指して運動している最も中心的なグループです。

このグループが出した「六つの提言」には、教育基本法改正論の主立った論点がほとんど盛り込まれています。六項目を全部挙げてみると、

一、「伝統の尊重と愛国心の育成」
二、「家庭教育の重視」
三、「宗教的情操の涵養と道徳教育の強化」
四、「国家と地域社会への奉仕」
五、「文明の危機に対処するための国際協力」
六、「教育における行政責任の明確化」

というものです。

一「伝統の尊重と愛国心の育成」は、やはり「伝統の尊重」と「愛国心」とを結びつけています。そして、次のように書き出されています。

「古来、私たちの祖先は、皇室を国民統合の中心とする安定した社会基盤の上に、伝統尊重を縦軸とし、多様性包容を横軸とする独特の文化を開花させてきました。教育の第一歩は、先ずそうした先人の遺産を学ぶところから出発しなければなりません」

そして、「伝統文化を学ぶうえで最も大切な学科は『国語』と『歴史』ですが、現行教育は十分にその役割を果たしていません」と続きます。ここで重視されているのは国語も

そうですが、とりわけ歴史です。

「『歴史』の教科書は、その多くが偏った歴史観の持ち主によって書かれているため、日本の国柄や国民性についての正しい認識を与えないばかりか、それを貶《おとし》め、祖先を軽侮するような記述に少なからぬ紙面が割かれています」

歴史教科書が彼らの言う「自虐史観」の持ち主によって書かれているとされ、そのような歴史教科書を排して、日本の「国柄」や「国民性」を正しく反映した教科書をつくるべきだと主張されているのです。

では、日本の「国柄」とは何か。それを示したのが冒頭の文なのです。

「古来、私たちの祖先は、皇室を国民統合の中心とする安定した社会基盤の上に、伝統尊重を縦軸とし、多様性包容を横軸とする独特の文化を開花させてきました」

ここには「伝統」と「文化」という言葉があり、その「伝統」と「文化」の基盤こそ、皇室を国民統合の中心とする制度＝国柄だと考えられていることが分かります。

教育基本法改正論者で民間教育臨調の中心人物の一人、元文部省官僚の金井肇氏は次のように言っています。

「精神的気高さを象徴しているのが皇室である。精神的気高さを尊ぶ者は皇室を尊ぶ。このことがわかる人とわからない人がいるが、多くの国民が皇室を尊重しているところにわが国の精神文化が、底流においてはなお健在であることがわかる。

皇室は、世界各国の王朝の中で例を見ない高貴な存在である。その第一は精神的気高さである。連綿と続いてきた皇室の歴史の中で、つねに高貴な精神のよりどころであった。このことは、他国の王朝と比較してみてもきわめてはっきりしている。今日も同じである。その第二は、万世一系であるということである。他国の王朝はすべて幾つかの王朝が交代してきているが、わが国では一貫してわが国の精神文化を象徴してきているのである」(前掲『なぜいま教育基本法改正か』)

## 「国柄」にふさわしい憲法

次に、自民党の憲法調査会の中に置かれた憲法改正プロジェクトチームが二〇〇四年六月に出した「論点整理」を見てみましょう。

第一章で見たように、教育基本法は「日本国憲法の精神に則り」、憲法の「理想の実現」を目指して制定されました。憲法と教育基本法が不可分であるゆえんですが、こうしたことから、自民党の憲法改正論者たちは、教育基本法に愛国心を盛り込むだけでなく、憲法の前文にも「愛国心」や「伝統文化の尊重」を盛り込もうとしています。

この自民党の「論点整理」は、結党以来、ほぼ一貫して政権を担ってきた政党が、今どういう憲法改正を考えているかをかなり具体的に示しています。憲法第九条を中心とする安全保障の改正案が、国軍の保持や、集団的自衛権の行使を認めようとするものであるのは予想どおりですが、むしろこの「論点整理」の特徴は、憲法は日本の「国柄」に即したものにしなければならない、と強調しているところにあります。

かつて改憲派の主張は、米国に押しつけられた憲法だから自主憲法にしようという意見が主でしたが、この押しつけ憲法論は流行らなくなってきました。国会の憲法調査会でも、自民党の若い議員などが、もう押しつけ憲法論を言っていても仕方がないと述べる時代です。そこで、今度は「国柄」というものを持ち出してきて、「国柄」にふさわしい憲法にしようという言い方をしている。「わが国の歴史、伝統、文化等を踏まえた『国柄』を」憲法の前文に盛り込むべきである、というように。

天皇の規定については、現憲法は、日本の「国柄」の中心に天皇制があることを十分に踏まえていないために、「国柄」にふさわしくない憲法になった、したがって、天皇制の規定も見直す必要があるかどうか議論すべきであるとして、天皇の地位の「本来的根拠」は、わが国の「国柄」にあると考えるべきか否かを議論すべきである、とまで踏み込んでいます。

つまり、現憲法では、「日本国の象徴であり日本国民統合の象徴」としての天皇の地位は、「主権の存する日本国民の総意に基く」となっています。あくまでも民が――主権者である国民が望んでいるから、天皇は日本国及び日本国民統合の象徴である、逆に、そのように望まなければ天皇制を廃止することもできる、ということなのです。ところが、この自民党の改正案では、象徴という天皇の地位は、国民の意志に根拠を有するのではなくて、「国柄」に「本来的根拠」を有する、という考え方が示唆されています。

「国柄」という言葉は、先述の「求める会」の六項目の要望書の一の中にも出てきました。もともとこれは、戦前・戦中に「国体」の同義語として使われていた言葉です。「国体」、すなわち万世一系の天皇が統治するという国のあり方が「国柄」だったのです。つまり「国柄」の中心には天皇がいるのです。そうすると、万世一系、すなわち神武天皇以来の、かつて「皇紀二千六百年」といわれた、天皇を中心とした日本民族のあり方、これこそが日本の伝統文化の核心であるということになるのです。

ある雑誌の企画で、自民党憲法調査会会長の保岡興治元法務大臣と議論したとき、私はこの「国柄」とは何かということを問い詰めてみました。保岡氏は、「天皇が日本国、日本国民の統合の象徴ということの実質的な意味です。日本民族二千有余年の歴史の中の良い伝統文化をそれに見る。日本国の象徴とはそういう意味でしょう」と答えています（『週刊金曜日』二〇〇四年六月二十五日号）。ここからも、自民党の憲法改正論者が伝統文化というとき、その中心には天皇がすえられていることがはっきり見えてきます。

「論点整理」の中には、さらに何度も「国柄」、あるいは「国柄」に当たる言葉が出てきます。

たとえば、現憲法二十条三項の政教分離規定を、「わが国の歴史と伝統」を踏まえたものにすべきだとあります。わが国の歴史と伝統が「国柄」なのですから、これを踏まえたものにすべきであるということは、わが国の「国柄」に属する、つまり天皇がかかわるさまざまな「伝統儀礼」は宗教的活動ではない、だから政教分離に反しないものとみなす、ということにつながります。また、天皇の神社である靖国神社への首相や天皇自身の参拝、天皇の代替わり行事といったものは、日本の伝統儀礼であって、「国柄」に属するものであるから、国の宗教的活動ではないということにしたいのでしょう。

保守派の改憲論者も、憲法第一条は変えるつもりはないでしょう。ただ、前文に「国柄」という言葉を入れたり、それをもっと強調する。「わが国の歴史、伝統、文化」に表れているという「国柄」を前文に盛り込んで、憲法全体を「国柄」の色に染めていくのです。

「国柄」にそった、天皇を中心とした伝統文化にふさわしい憲法は、復古的民族主義の色濃い、ナショナリスティックなものになってしまいます。教育基本法の中に盛り込まれよ

うとしている「伝統文化の尊重」も、明らかに、この憲法改正論の方向とつながってい
く、つながるべきものとして考えられているのです。

## 「超越する天皇」の復活

天皇の地位の本来的根拠は「国柄」であって、現行憲法のように「日本国民の総意」にはないということになると、天皇は民主主義を超越したものになってしまいます。かつて現人神《あらひとがみ》といわれ、神聖にして侵すべからずといわれた時代がありましたが、天皇がそのような超越性をまた別の形でもつことになるわけです。

天皇が超越性をもつといっても、絶対君主として政治の実権を握るということではありません。天皇はおそらく今日と同じように、憲法で規定された国事行為を行う存在であり続けるでしょう。九条を改正して自衛隊が陸・海・空軍になったとしても、天皇が再び大元帥、軍の最高司令官になるなどということは、およそ考えられない。むしろ天皇主義者たちも、明治から昭和にかけてのあの陸・海軍を直接「統帥」するような天皇の地位規定は、失敗だったと思っているのではないでしょうか。そのようなことをしたばかりに、敗戦の結果、天皇の戦争責任が論じられ、むしろ天皇に傷がつくことになった、というわけです。それよりも、「日本国の象徴であり日本国民統合の象徴」という精神的・文化的な

権威として神聖性をもつ、侵すべからざる超越性をもつ存在としておくほうが、さまざまな場面で「国民」あるいは「国民精神」の編成のために利用できる、と考えているはずです。

もっとも、象徴天皇制が日本の伝統、「国柄」なのだと言っても、大化改新を行った天智天皇や、建武の新政を行った後醍醐天皇など、一種の専制君主、絶対君主として振る舞おうとした天皇は何人もいます。明治天皇や戦中までの昭和天皇も単なる象徴ではありませんでした。では、彼らは伝統や「国柄」から逸脱した天皇ということになるのでしょうか。

こうした疑問に対しては、おそらく以下のように答えるのでしょう。象徴天皇とは「二千六百有余年」の間に次第に形づくられてきたもので、日本国民統合の象徴としての文化的権威を有する存在であり、確かに明治から昭和の敗戦に至る大元帥としての天皇には、やや伝統からの逸脱があったが、しかし、その時代にもやはり天皇が日本国及び日本国民統合の象徴であったことに変わりはない、と。

たとえば和辻哲郎（一八八九—一九六〇）は日本国憲法制定後、「天皇が日本国民の統一の象徴であるということは、日本の歴史を貫ぬいて存する事実である」（「国民統合の象徴」『和辻哲郎全集第十四巻』岩波書店）と主張して、憲法学者佐々木惣一（一八七八—一九六五）と論争したことがありました。和辻は、現行憲法の象徴天皇制を肯定的に評価して、もともと天皇とはそういうものだったのだ、それこそが本来の伝統なのだと論じたわけです。

こうして、たとえ象徴天皇の地位の「本来的根拠」が「国柄」とされたとしても、天皇家の公務自体は、現在と大して変わらないでしょう。外国からの賓客の接待や、儀礼的な行事に出席するなどに限られるでしょう。

ただ、天皇という地位が超越性をもつことで権威が高まる。国民がそう思っているから天皇なのだ、象徴なのだというのではなく、わが国の伝統文化、二千有余年の日本民族の伝統、「国柄」に本来的根拠をもつ象徴なのだということになると、たとえば叙勲や「君が代」のようなものの権威は高まるでしょう。国民の精神的なコントロールのために非常に便利になる。天皇の権威を持ち出せば、いつでもみな従わざるをえないことにますますなっていきます。つまり、権力が必要とする権威を供給してくれる最大の源が天皇ということになるのです。

## 国柄と家制度

「伝統文化」を論じるときに、忘れてならないのは家族の問題です。

「新しい教育基本法を求める会」の六項目の要望書の二番目には、「家庭教育の重視」とあります。「私たち日本人は、家に対して格別の思いを抱いておりますが、それは遠い祖先から子々孫々へ伝わる生命の連続性と、家族間の絆を実感する生命の連帯性の意識と深く関わっているからです。家庭こそは、日本人にとって倫理の源泉にほかなりません」というのです。ここでは、「家《イエ》」という単位が日本人にとっての「倫理の源泉」にほかならないとなっています。

かつて私たちは、明治の文学者たちが家制度からいかに自立するかで悩み苦しんだと教えられましたが、彼らは、もう一度日本文化の単位を家に置こうとしている。しかも、家は生命の連続性と連帯性の意識と深くかかわっている。「遠い祖先から子々孫々へ伝わる生命の連続性」としての「家」というのは、明らかに万世一系の皇室なるものをモデルにしている。そこにもつながっているわけです。

このような家の重視、あるいは家族や共同体の価値の重視という考えは、やはり戦後に確立された、憲法や教育基本法の「個人の尊厳」や「個人の価値」の尊重という理念に対抗するものとして出されています。暗示的なことに、現在の教育基本法にある「個人の尊厳」、「個人の価値をたっとび」という表現は、与党の中間報告ではすっかり消えていま す。「個人」という言葉はいっさい出てきません。要するに、個人の尊厳や個人の価値を軽視し、共同体の価値を重視する方向にシフトしているわけです。

同様のことは、自民党の「論点整理」においても指摘できます。その中に、現行憲法二十四条の改正案として、次のような一文があります。

「婚姻・家族における両性平等の規定は、家族や共同体の価値を重視する観点から見直すべきである」

家族や共同体という価値を優先させることによって、それらを構成するメンバーの男女平等の規定が変更されうるということです。そして、結婚に際しての両性平等、あるいは家族を形成した際の両性平等が見直されるべきだという考えは、「伝統文化の尊重」という論点と深く結びついています。

というのは、教育基本法改正論者たちの「伝統文化」という観念の中では、家族や婚姻関係、あるいは共同体における人と人との関係そのものが、日本の伝統文化だと考えられているのです。それに対して、今日の日本社会の一般的な家族のあり方は、日本の伝統文化からみてふさわしくないとされるのです。夫婦共働きや、子どもをもたない夫婦、夫婦別姓などは、今ではさして珍しくもない家族のあり方になっていますが、こういう家族は日本の伝統文化にふさわしくない、「国柄」にふさわしくないというわけです。

伝統文化の尊重を唱える人たちが、何をもって伝統文化と見なしているのか、本章の初めで芸術や食文化などの例を挙げて考えてみましたが、結局よくわからない、曖昧なものでした。しかし、こうした曖昧なものを持ちだしてくる狙いは「国柄」にあるのです。「国柄」はこの場合、国の中心に象徴天皇を据え、皇室をモデルとした日本の家族、家という共同体によってつくられた「伝統文化」なのです。それをもう一度復権させたい、それが「伝統文化」にこめられた願望なのです。

## ジェンダー・フリーへの反動

家《イエ》、家族や共同体における男女間の不平等、差別を復活させようという動きは、この間、日本社会で少しずつ進展してきたジェンダー・フリーなどの男女平等の考え方、教育の場面でいえば、男女混合名簿をはじめとした具体的な成果に対する一種の反動だといえます。

名簿の順番など些細なことではないかと思われるかもしれませんが、大学であれば、私の学生時代から男女混合名簿は当たり前でした。学籍番号で私の前の人は女性でした。しかし、これに反対している人たちは、男と女を集団に分け、男が先で女が後という形にしないとおさまらないようです。私の小・中学校時代はそうなっていましたが、近年、これをアイウエオ順にするなどして、男女間の序列をなくしました。それが男女混合名簿です。ところが、最近それをもう一度元に戻そうという動きが強まっているのです。

たとえば、東京都教育委員会は、二〇〇四年八月二十六日付で「『ジェンダー・フリー』という用語の使用に関する東京都教育委員会の見解」という文書を出しました。

「ジェンダー・フリー」という用語は、男女共同参画社会基本法および国の基本計画、東京都男女平等参画基本条例等においても使用しておらず、また、その意味や主張する内容は使用する人により様々であり、誤解や混乱が生じています。

こうした状況の中で、内閣府においても本年4月、この用語を定義できないとしたうえで、地方公共団体が条例などを作成する場合にはあえて使用しないほうがよいのではないかとの考え方を示しています。

また、一部には「男らしさ」や「女らしさ」をすべて否定するという意味で「ジェンダー・フリー」という用語が用いられることがあり、このことは、東京都教育委員会が目指す男女平等教育の考え方とは明らかに異なるものであります。

こうしたことから、東京都教育委員会は、男女平等教育を推進する上で、今後は「ジェンダー・フリー」という用語は使用しないことにします。

この文書には、「『ジェンダー・フリー』にかかわる配慮事項について（通知）」というものが伴っていて、そこには「各学校においては『東京都教育委員会の見解』を十分に踏まえ、男女平等教育の指導計画を見直すとともに、以下の点について御配慮いただきますようお願いします」となっています。「お願い」とありますが、事実上の命令です。

1、教科用図書に見られる「ジェンダー・フリー」の用語の扱いについて

文部科学省の検定を経た「社会」「公民」「家庭」の教科用図書の中には「ジェンダー・フリー」という用語を用いているものがある。

また、これらの教科書の中には、「男らしさ」や「女らしさ」を否定するような意味で、「ジェンダー・フリー」という用語を用いているものもある。

各学校においては、これら教科用図書で「ジェンダー・フリー」の用語を取り扱うにあたり、「東京都教育委員会の見解」を十分に踏まえ、適切に指導を行うこととする。

2、男女混合名簿について

東京都教育委員会は、これまで学校における出席簿等の名簿について、望ましい男女共同参画社会の実現へ向けた取り組みの一環として、男女混合名簿の導入を推進してきた。

しかし、近年、「男らしさ」や「女らしさ」をすべて否定するような「ジェンダー・フリー」の考えが出てきている。それに基づき、男女混合名簿を導入しようという主張が見

られ、学校において混乱を招いているところである。こうした「ジェンダー・フリー」の考え方に基づいて名簿を作成することは、男女共同参画社会の実現にむけて男女混合名簿を推進してきた東京都教育委員会の考え方とは相容れないものである。

したがって、「男らしさ」や「女らしさ」をすべて否定するような「ジェンダー・フリー」に基づく男女混合名簿を作成することがあってはならない。

「ジェンダー・フリー」という考え方は、性別役割分業に根ざした女性差別を是正するために、それを支える固定した「男らしさ」と「女らしさ」の強制から自由になろうというものであって、「『男らしさ』や『女らしさ』をすべて否定するような」ものではないでしょう。

この文書は、一方で、東京都教育委員会が推進してきた「望ましい」男女混合名簿の導入を語りながら、他方で、「ジェンダー・フリー」に基づく「望ましくない」男女混合名簿を禁止しようとしています。同じ男女混合名簿なのに、「望ましい」ものと「望ましくない」ものがあるのも変ですが、結局は教育委員会の統制下にあるもののみを認めるということでしょう。ここには、性別役割分業を支える固定的な「男らしさ」と「女らしさ」の観念を何としても復活させたい人々の執念が、あからさまに見てとれます。

## 戦後社会悪玉論

どうしてこんな奇妙なことがまかり通っているのかというと、一つには、こういう議論を展開している人たちが、道徳に関する不安に動機づけられている、といえるでしょう。現代社会のさまざまな問題、とくに子どもたちを含めた人々の道徳意識の低下と言われるようなことを憂慮している人たちは、問題の原因は家庭の崩壊にある、と考えている。世の中がおかしくなったのは、戦後に男女平等となり、さらに男女共同参画などということが言われ、女性の社会進出が進んで、女性が家の中で子どもを生み育て、夫に尽くすという伝統文化が崩壊したからだ、というわけです。この発想は第一章で検討した戦後教育悪玉論とよく似たもので、戦後（民主主義）社会悪玉論とでも言うべきでしょうか。

戦後社会悪玉論に立って家庭の秩序を回復させようとする人々の基本的な主張は、彼らの考える古きよき家族像、すなわち「伝統的な」家族像を理想化しているわけですから、女性が家に戻って家事をこなし、子どもを育て、外で働く夫に尽くす、そういう妻の義務を果たすべきだ、というものです。一言でいえば、これは性別役割分業の再評価です。男は外で働き、女は家に戻り、子どもを生み育てる、そうすれば社会問題も、全部とは言わないにしても、多くは解決すると主張するのです。

しかしこれは、戦後教育悪玉論の場合と同じで、きわめてあやしい前提に立った議論だと言わざるをえません。一夫一婦制を前提として、男が外で働き、女が家事と育児に専念するという生活が、日本の歴史を顧みたときに本当に「伝統的」だといえるのか、といえば、実はこれがすこぶるあやしいのです。明治以降の都市民の生活か、江戸時代の武士など、いずれも人口比にしてみればほんのわずかの人々の生活様式をモデルにした思い込みでしかありません。それ以外の大多数の人々は、夫婦共働きが当たり前だったのです。家族の価値を強調する人々、政治家たちによって、農村が「日本の伝統文化を守る場」としてイメージされていますが、その「伝統的な」といわれる農村の場合においてこそ、かつても今も共働きが当たり前なのです。

もちろん、たとえ性別役割分業が文字通りの「伝統」であったとしても、それを現代において復活させることは、個人の尊厳という観点からして、正当化することはできないと私は思います。しかし、家族の価値を強調する人々にとってはそうではないのでしょう。個人の自由や権利よりも共同体の価値を優先することは、ある場合にはなるほど効率的にその共同体の目的を達成することに貢献することがあるでしょう。それは、発展途上国が開発独裁体制をとったほうが開発が早まるという話に似ています。集団のメンバーの一部が我慢すれば、その集団全体としては、何かを効率的に達成できるということです。「伝統」の名において女性には忍従してもらって問題を解決しようというのが、ジェンダー・フリー・バッシングの旗を振っている人たちの本音でしょう。

一方、「伝統的な」家族の価値をいくら強調しても、現代は国際化、グローバル化の時代なのだから、そんなものが通用するとは思えない、あるいは、そんなにたいしたことではない、「昔のよかったところを見直す程度」のことなのだから、危機感を抱くほどのことではないと思ってしまう人もいるかもしれません。

しかし、グローバリゼーションとナショナリズムはセットとして考えることもできます。つまり、グローバル化によって、国の境界、民族の境界、文化の境界が融解していく、薄れていくように思われる。そのことに対する性急な、ほとんど条件反射的な反動としてナショナリズムが立ち上げられ、薄れてしまった境界をはっきりさせていくために、国のアイデンティティ、民族のアイデンティティ、さらに文化的なアイデンティティというものが強く求められるようになるわけです。この意味では、グローバル化が強まれば強まるほど、ナショナリズム、文化的アイデンティティを求める動きも強まると言えるのです。

# 第四章

## 道徳心と宗教的情操の涵養

――「不遜な言動」を慎めという新「修身」教育

A　率直に言って、高橋さんの話を聞いていると不安になるんですよね。そう感じませんか。

B　そうですかねえ。先生の話にあえて注文をつければ、良識的すぎる、ということじゃないですか。

A　道徳心の退廃から若い世代の犯罪が増えているわけではないこともわかったし、国家が個人に愛を要求するのはおかしいことも、伝統の名のもとに一部の人の思い描く良き生活とやらを押しつけることがよくないことも納得できました。けれども、それなら、先行き不透明な世間を生きる上で、何を信じればよいというのかなあ。

B　ああ、なるほど、高橋さんの議論は批判ばかりでポジティブな提案がない、と。

A　いや、批判的だからダメだというのではありませんよ。ただ、高橋さんも哲学者なんだから、道徳教育についてはもう少し突っ込んだ話を聞かせてもらわないと……。

B　でも、高橋哲学って反・倫理的と言われているんじゃないですか。

**高橋**　お二方とも、ちょっと待ってくださいよ。いきなりそんな暴走をされても困ります。

哲学には、倫理学、道徳哲学と言われるものが昔からありました。アリストテレスの『ニコマコス倫理学』とか、カントの『道徳形而上学原論』とか、『実践理性批判』とか、日本でいえば和辻哲郎の『人間の学としての倫理学』とか、そういったまさに「伝統」が哲学にはあるのです。私は倫理学者ではありませんが、哲学者として倫理的な問題に対する関心は人並み以上にもっています。反・倫理的なんて決めつけないでもらいたいものです。よい機会ですから、リクエストにお応えして道徳教育についてもう一度、前とは別の観点からお話ししてみましょう。

## 道徳とは何か

哲学における倫理、道徳の議論には、さまざまな形があります。人類普遍のモラルとは何かということが追究されたり、歴史的なモラルの変遷を強調して相対主義の主張がされたり、そもそもモラルというものに根拠があるのか、なぜ人を殺してはいけないのかと問われたら、どのように答えられるのかといった議論もあります。モラルとは何かということを哲学的に定義するとなれば、大変なことになるでしょう。しかし、いま一般に若い世代の「モラルの低下」と言われているようなことを例にして考えれば、そこで言われていることは、礼儀とか、言葉遣いとか、生活習慣とか、そういったものがきちんとしていない、という話に落ち着くようです。

流行、ファッションや言葉遣い、そういったものは、昔から常に変化するものであって、平安時代に着ていたものと鎌倉時代に着ていたもの、江戸時代、明治時代、さらに現代の人々が着ているものは、すべて大きく違っています。日本の中だけをとってもそのようにさまざまですし、もちろんかつては階級や身分があって、それによっても違っていました。

新奇なファッションや風俗が出てきたときには、おそらくいつの時代にもそれはある種の驚きをもって受け取られたことでしょう。江戸時代末期に日本が開国して、和服から洋服に人々が変わっていった時代などは、洋服を着ていること自体、強いインパクトを与えたのではないでしょうか。しかし、それも時代とともに人々の生活の中に定着し、洗練され、今となっては多くの日本人にとって和服を着るのはごく限られた場合だけ、という状況になっているのです。

ここまで述べてきたのは、風俗・習慣を含めた広義のモラルについてですが、私は狭義のモラル、いわゆる道徳についても、これは法律で定めるようなものではなくて、人々の生活の中でおのずと形成されるしかないものと考えています。

ふつう道徳といえば、してよいことと、してはならないことの区別という意味で受け止められることが多いでしょうが、その場合でも法律が先にあるのではなくて、人々の間で、それについての大まかな合意というものが存在するときに、それを法律化すべきかどうかが問題になるのです。もちろん刑法とか民法という形で、してよいことと、してはならないことが定められているし、憲法は主権者が政府に対して、してよいことと、してはならないことを定めている。このように、部分的には、国民がしてよいこと、してはならないことは法律で定められています。

しかし、人々の生き方や価値観に関して——道徳というのはそれにかかわることですが——それを教育基本法のようなもので定めて、学校教育を通して道徳を教えるというのは、よいことだとは思えません。

とくに、日本の場合、「道徳心の涵養」というときに、どうしても戦前・戦中の道徳教育が念頭に置かれがちです。今の子どもたちのモラルが低下しているという主張は、かつて日本人は、礼儀正しく分限をわきまえ、道徳的だったという幻想と結びついていることが多いのです。しかし、少年犯罪一つとってみても、決してそうではないということは、前に述べたとおりです。

### 戦前の道徳教育

先にも触れましたが、ここに一九三八年発行の草場弘著『修身科講座』という本があります。戦前の「道徳」科目であった「修身」の概念や考え方を教師に教える理論的解説書で、教員採用試験の受験参考書も兼ねており、前年に施行された「中等学校修身科教授要目改正に則って編纂された」とされています。

内容のほぼすべてが「国民道徳」の説明に費やされています。第一編が「国民道徳の淵源」。これは天壌無窮の神勅から始まるとなっており、まさに「日本民族二千有余年の伝統」から国民道徳が淵源してくると説かれています。第二編が「国民道徳の要領」。ここでは、日本人とは何か、学校とは何か、国民たるの徳とは何か、わが国とは何か、わが国体とは何か、わが家とは何か、わが国土とは何か、といった問題に次々に答えが与えられます。

ちなみに、この第二編第六章は「作法」と題されていて、第一節が敬礼、第二節が服装、第三節が授受進退の心得、第四節が招待及び応召、第五節が言語応対及び訪問、第六節が贈答、第七節が集会の心得となっていて、当時の日本人のマナーについてかなり詳しく教えています。

第一節の敬礼はさらに、一が普通礼、二が最敬礼となっていて、普通礼にも二つあって、立礼と座礼があります。たとえば立礼については、「まず直立の姿勢をとり、先方の目に注目し、上体をおもむろに屈するとともに、手は自然に下げて、その指先をひざ頭に近づかしむるを度とす。ただし、殊さらに首を屈するとひざを折るとはともによろしからず」（原文は旧字体）と細かく説かれています。

第三編が「国民道徳の要義」。和辻倫理学における「人間」の概念の説明から始まって、国民道徳とその由来、西洋倫理思想とその批判、現代思想とその批判、世界文化の発展とわが国民の使命と続きます。西洋倫理思想の批判は、ほとんどが個人主義や人格主義に対する批判です。個人主義は利己主義を招く、エゴイズムを招く。人格主義は共同体の価値を軽視することになる、などとしています。

ここで、現行教育基本法を見直してみると、そこでうたわれている「人格の完成」には二つの側面があることがわかります。一つは、修養をした結果、人格が完成されるという儒教的なニュアンスがあります。もう一つの側面としては、西洋のカント的な人格主義のニュアンスも含まれています。両方の側面があるのですが、戦前・戦中のこうした「修身」の理論的解説を見る限り、常に西洋思想は個人主義であり、利己主義であるとして批判されていて、その対抗概念として共同体的な日本の倫理思想が持ち出されます。そして、それがいかに優れているかが力説され、これこそ新しい世界の倫理だという結論に至るのです。

現今の教育基本法改正論者が、戦後は教育基本法のために個人主義が行き過ぎて利己主義になってしまったというのは、戦前・戦中の国民道徳教育が、西洋の倫理思想を個人主義や利己主義だとして批判し、日本の倫理思想を正当化する論理とまったく同じであることが、ここで明確になります。

それでは、当時の日本国内には利己主義はなかったのでしょうか。いつの時代も、お上の言うことには表向き従っておくが、しかし実際には信じていない、ということは常にあったでしょう。当時の日本の学校で教えられていた「修身」的な道徳は、かた苦しいものだし、そんなものに日常生活で文字どおり従ってはいられない、という欲望に根ざした民衆の生活があったはずです。

太平洋戦争中でさえ、細川護貞の日記(『細川日記』中公文庫)を読むと、庶民はこの期《ご》に及んでも国策に対して無関心で、統制がきかないと細川が嘆いています。あの最も統制が進んだ時代においても、実は、闇の世界で儲けようとしたり、法の網の目をかいくぐって私腹を肥やそうとする人々が大勢いたし、そこまでいかなくても、国家より我が身が大事という人はもっと大勢いたでしょう。利己主義の蔓延《まんえん》を指摘して、「国民道徳」の必要性を訴えるのは、実は戦前から国家主義者がくり返しているお決まりの論法なのです。

## 道徳教育のあるべき姿とは

私は、道徳教育を単純に否定するつもりはありません。ただ、現在、日本で進められている道徳教育は、小・中学校で『心のノート』を教材とした「心の教育」という形をとりつつあります。これは賛成できません。

なぜ賛成できないか。そもそも内容以前の問題があります。文部科学省が発行した全国一律の教材（事実上の国定教科書）によってすべての小・中学生に九年間、「心の教育」を施すことは、国家の推奨する道徳を子どもたちの心の中に九年間語り続けることになります。これは恐いことです。内心の自由に対する権力の介入と言ってもいいし、法的に言えば、子どもの権利条約、日本国憲法、現行の教育基本法などに違反している疑いが強い。

仮に内容がよいものであっても、これはよくないと私は思うのです。

『心のノート』を見ると、それぞれに美しい表現が並んでいます。自分を見つめ伸ばそう、自分の人生は自分の手で切り開こう、思いやる心を持とう、いろいろな立場があり考えがある、かみしめたい人間として生きるすばらしさ……。親であればたいてい、子どもに対して、自分のことは自分で決めなさい、人のことを思いやる心を持ちなさいなどと言いたくなるでしょう。しかし、それを文科省発行の事実上の国定教科書で教えるというのはどうか。ここで教えられようとしている「道徳」は、それがよいものであったとしても、本来、家庭や地域や社会の中で、人々との関係の中で子どもが自然に身につけていくべきものではないでしょうか。

国が道徳を教え、将来の市民である子どもたちの「心」を作り上げようとすることの問題性がなかなか意識されないところに、現状の深刻さがあります。内容がよければよいのではないか、むしろ文科省が国費を投入してよいことを教えてくれたらよいのではないか、そんな受け取り方さえ、保護者の中に、そして教員の中にさえ見られるようです。しかしそれは、国家が教育を通じて子どもの心の中に手を伸ばしたときの恐ろしさを知らない、感覚の鈍磨ではないでしょうか。

道徳教育について、私が唯一可能だと思うのは、倫理思想について教えることです。人類史上さまざまな倫理思想が生まれ、今日に存続してきていることを説明し、その上で、何が正しい道徳であるかは、生徒自身が考えるようにしていくべきではないでしょうか。

教科書も当然、政府発行ではなくて、一般の教科書と同じように、さまざまな執筆者による、さまざまな教科書会社から出された教材を用いて授業をするべきでしょう。そして、特定の道徳を「これが正しい道徳だ」として教えるのではなく、たとえば何らかの物語を読ませることによって、人間の生き方や価値観、倫理、モラルといったものについて深く考える訓練をさせるのです。

たとえば、人を殺してはならないということについても、法律上、人を殺せば刑法によって裁かれる、ということは教えられるとしても、では、その根拠がどこにあるのかということは、哲学的にいえば難しいわけで、その議論をそのまま小学生相手にすることはできません。基本的には、そのような掟についての宗教や哲学、それが難しければ社会的な事件など、考えるための多様な材料を示して、子どもの思索を発展させるところに教師の役割があると思うのです。

道徳教育については、学校においてだけでなく、家庭や地域や社会の中で、さまざまな人との関係から、モラルについての意識が発達してくるのが一番自然な形です。

ところが今日の日本社会では、「家庭や地域が崩壊しているからこそ、国がそこに積極的に関与すべきだ、それは、特に崩壊した家庭などを再構築するためにも必要なのだ」といった考えが、力をもち始めています。こうして『心のノート』の推進者たちは、これを家庭でも読んでほしい、地域でも読んでほしい、教師にも読めと言っているのです。押谷由夫氏のような『心のノート』作成に関与した元文部官僚たちは、『心のノート』は単に子どもの教材であるだけではなく、全国民が読むべき「心の教育」の教材なのだ、と言っています。その意味では、これは明らかに「国民道徳」再形成を目的としてつくられている。いわば現代版「修身」教科書なのです。

家庭や地域は崩壊しているではないか、だからそれらを再興するためには、『心のノート』を家庭や地域で読ませなければならないと彼らは言う。押谷由夫氏はこれを、「学校

発信の社会変革」だとさえ述べています。(『小学校道徳』東洋館出版社)

押谷由夫氏は別の論文で『心のノート』の道徳教育論を熱心に解説し、その基本は、感謝と報恩の心を持つことだと述べています(『道徳ジャーナル』12号・学研)。自分を生み育ててくれた親、地域、学校、社会、国、それらすべてのもののおかげで自分は生まれ育つことができたのだから、それらすべてのものを認めて、それに感謝しなさい、その恩に報いるために生きなさいというのです。これは天皇が出てこないだけで、「修身」と同じです。「自分を生み育ててくれたものへの感謝と報恩」のような言葉は、案外耳に入りやすく、実際に実践している人がどれだけいるかわかりませんが、それ自体は悪いことではないと受けとめる人が多いのではないでしょうか。しかし、「感謝と報恩」の心に特徴づけられる道徳とはどのようなものなのか。ここにはなにか、現代社会の倫理というより、宗教的な雰囲気が感じられるのではないでしょうか。

## 道徳教育と宗教教育

道徳教育が宗教教育と曖昧に結びついているところに、日本特有の問題があります。私は道徳教育と同様、宗教教育はあってもよいと思います。ただし中身が問題です。特定の宗派・宗教の教育になってはならないのは当然ですが、世界にどのような宗教が存在し、それぞれがどのような歴史と教えを持っているかを知ることは有益でしょう。現代世界を生きるには、イスラム教、ユダヤ教など、日本ではその歴史や教義がほとんど知られていない宗教についても、基本的な知識をもつことがますます大切になってきています。ところが、日本で教育基本法改正を唱えてきた人たちが目指しているのは、そうした、宗教についての教育ではなく、諸宗教の歴史や教義について知る前から、「人間を超えた大いなるものについての畏敬の念」を育てるという「宗教的情操の涵養」なのです。

前章で、「新しい教育基本法を求める会」が出した六項目の要望書の一と二に触れました。それらに続く三は「宗教的情操の涵養と道徳教育の強化」となっていて、宗教と道徳の結びつきがここでも確認されます。そしてこう述べられています。

「太古から私たちの祖先は、森羅万象に宿る人智を超えた『大いなるもの』に対し畏敬の念を抱き、その加護によって生かされていることに感謝の祈りを捧げてきました。しかしながら、現実の個人生活に最高の価値をおこうとする戦後教育のなかで、そうした目に見えない価値が見失われたため、人心は不安に陥っています。戦後における価値観の激変により親や教師も、子どもに人倫の基本を教える気力を大幅に喪失したため、規範意識の減退と礼儀・作法の乱れが広がり、遂には『学級崩壊』や少年非行の多発を見るにいたりました」

またしても戦後教育悪玉論です。予想どおりの展開です。『宗教的情操』の授業は、多くの学校で事実上放棄されたままになっていますが、『宗教的情操』の教育を採り入れることによって新たな息吹を取り戻すことができるでしょう。個人の生命をも超えた大切なものがあるという意識のもとに、祖先が守り伝えてきたさまざまな徳目が教えられる学級運営を期待します」

つまり、道徳教育はしなければならない。しかし、モラルの低下に対応するためには、「宗教的情操」の教育を取り入れた道徳教育であるべきで、その基本的なエッセンスは、「人智を超えた『大いなるもの』に対する畏敬の念」、その「大いなるもの」の加護によって生かされてきたことへの感謝の念、それを教える「宗教的情操の涵養」なのだというのです。「大いなるもの」、超越的なもの、「個人の生命をも超えた大切なもの」――これらは現行の教育基本法にある「個人の尊厳」や、「個人の価値」の尊重、一人ひとりのかけがえのない存在が出発点という考え方への対抗理念でもあるわけです。

先述のように、この要望書は二〇〇〇年に森首相に出されたものですが、すでに『心のノート』に「畏敬の念」は入っています。『心のノート』は、小学校低学年、中学年、高学年、中学生用と全部で四種類あるのですが、すべて四部仕立てになっていて、そのうち第三部はこの「畏敬の念」に対応するものです。

小学校高学年用の該当個所は、「生命を愛《いと》おしむ」となっていて、いのちを大切にしましょうと教えています。東山魁夷の絵を入れながら、「大いなるものの息づかいをきこう」、「この小さな私自身も、また野の一本の草も、その導きによって生かされ、動かされ、歩まされているのではないか」と、人間の力を超えたものの存在に気づこう、と訴えています。どこか新宗教のパンフレットを思わせる雰囲気です。

## 「宗教的情操」の正体

「宗教的情操の涵養」の名のもとに、神道でも仏教でもキリスト教でもない、何かよくわからない、特定の宗教とは結びつかない一種の神秘主義的なスピリチュアリティー、いわゆる「精神世界」のようなものが持ち出されてくることには、実は歴史的な背景があります。「宗教的情操の涵養」は、戦前の「修身」教育にもあったものです。先に参照した「修身」の教師用解説書『修身科講座』でも、「第四篇　小学校修身科教授法」の第八章が文字通り「宗教的情操の涵養」となっています。決して新しいものではないのです。

ここで、戦前の宗教事情の一端に触れておきましょう。一九三〇年代の超国家主義の時代、一九三二年に上智大学の学生が軍人に率いられて靖国神社参拝をしなければならなくなった際に、二名の学生がそれを拒否して大問題になった事件がありました。そのとき、上智大学が文部省に、カトリックの学校として神社参拝をどう考えればよいのかという問い合わせをしたところ、「神社参拝は教育上の理由からなされるので、愛国心と忠誠の表現である」という有名な回答がありました。これを上智大学のほうでは、愛国心や国家に対する忠誠の表現だからカトリック信仰とは矛盾しないと解釈して、それ以後は全学生が参拝をすることになったのです。

このように、いわゆる国家神道、国家主義的な神道体制というものは、個々の宗派・宗教を超えた国家的な「宗教」、特定の宗教ではない「超宗教」として、すべての宗教を包摂するような形で推進されました。これは国家の側では、すべての宗教を取り込めるというメリットがあり、各宗教の側では、自分たちはキリスト者だ、仏教者だというアイデンティティを保ちながら、それに協力すれば、国民としても弾圧されないでやっていけるというメリットがあったのです。そして最終的には、全日本宗教報国会という国策組織に、主立った宗教はすべて統合されていくことになります。

明治憲法の規定によると、「安寧秩序を妨げず及臣民たるの義務に背かざる限りに於いて」帝国臣民は「信教の自由」を有するのですが、帝国の安寧秩序を妨げるような反体制的な思想に対する対抗策として、「超宗教」とされた国家神道とも関連しつつ、「宗教的情操の涵養」が教育において強化されていったのです。

一九三五年に宗教教育協議会なるものが設置され、同年十月、学校教育を通じて宗教的情操を涵養し、人格の陶冶《とうや》に資することを積極的に奨励する答申が出されました。それを受けて十一月二十八日発普第一六〇号文部次官通牒《つうちょう》として、「宗教的情操の涵養に関する通牒」が出されています。(以下、「宗教的情操の涵養」の歴史については、山口和孝『新教育課程と道徳教育』、エイデル研究所に多くを負う)

そこでは、教派・宗派・教会等に対して中立不偏の態度を保持すべきとしつつ、「教育勅語と矛盾するがごとき内容及び方法をもって宗教的情操を涵養するがごときことあるべからず」(原文は旧字体)とされていました。

一九三六年に神奈川県教育会が、「宗教的情操涵養の方策」をテーマに懸賞論文を募集しました。そこで一等に当選したのが、横浜市浦島小学校の杉村武夫訓導の論文でした。杉村訓導はそこで、「畏敬の情」を説明して、次のように述べています。

「或る偉大なるものの力——(神仏)に怖れ、深く心霊の奥を叩いて、自己以上の神霊と感応し、かたじけなさに涙こぼるるの情にむせぶ深められた感情である」

「そこには、神仏の大能を渇仰《かつごう》し、瞑想し、自己の如何に弱小なるものであるかを痛感して、罪障凡夫のはかなさを真にさらけ出して、偉大なるものの前に、拝跪《はいき》せずには居られぬ厳粛の感情を伴うものである。皇大神宮を拝礼した時、寺の本堂で仏前に座らされた時、陛下の御親閲を賜る時、怖ろしいが又、其処に尊厳侵し難い、而《しか》して、又何とはなしに引きつけられる宗教的体験を屢々繰返すことである」

皇大神宮を拝礼した時、寺の本堂で仏前に座らされた時、陛下のご親閲を賜る時、恐ろしいけれども尊厳侵しがたい、何とはなしに引きつけられる感情が「畏敬の情」だというのです。ここで中心になっているのは、天皇への畏敬の念、国家神道における畏敬の念です。

寺の本堂で仏前に座らされて感じるのは、仏教的な感情ではないかといわれるかもしれませんが、ここでは常に神仏が一緒になっているのです。これは当時の仏教が、国家神道の一部をなしていたとさえ言われるほど国家神道に密接に結びついていたことに関わります。「神仏基」(神道と仏教とキリスト教)の協力、「三教合同」が叫ばれ、やがて全日本宗教報国会でみな一緒になってしまったのです。

これが実は「宗教的情操の涵養」の正体であり、日中戦争期になると、「日本精神」と「宗教的情操」は「異名同質」である、名は異なるが質は同じだという主張が行われることになります。

『心のノート』第三部に入っている「人智を超えた大いなるものへの畏敬の念」の原型が、ここにあります。

「修身」における「宗教的情操の涵養」の実際は、結局は日本的な神仏崇拝と「神聖にして侵すべからざる」天皇（超国家主義の時代に「現人神」とされた）への「かたじけなさ」の感情を注入することでした。天照大神の奉斎《ほうさい》や御真影の奉安など、敬神崇祖《けいしんすうそ》（神を敬い、先祖を崇拝すること）と天皇教への帰依を教えたのが、「宗教的情操の涵養」だったのです。

### 「宗教的情操」をめぐる戦後の動き

「宗教的情操の涵養」は、戦後も生き残りました。一九四五年九月、つまり敗戦の翌月に、文部省は「新日本建設の教育方針」を発表します。そこでは、新しい日本の建設について、「国民の宗教的情操を涵養し、敬虔なる信仰心を啓培《けいばい》し、神仏を崇め、独り慎む精神」を作り出すことによって可能になるとしています。

同年十月には、前田多門文部大臣が「宗教的情操の涵養」について、「昭和十年十一月二十八日発普第一六〇号文部次官通牒によらしめられたし」と、先述の次官通牒の存続を通知しています。教育勅語と矛盾してはならないとした通牒が有効だと言ったわけです。文部省は、GHQがどう出てくるかを見ながら、「宗教的情操の涵養」は戦後も続けようと考えていたわけです。

一九四六年の第九十回帝国議会において、信教の自由、国の宗教活動の禁止に関する憲法改正案の審議が行われました。そこで、前述の象徴天皇制について和辻哲郎と論争した憲法学者、佐々木惣一が、「宗教的情操の涵養」を問題にしました。特定の宗教と無関係に宗教的情操の涵養などできるのか、と問うたのです。それに対して金森徳次郎国務大臣は、それは可能だと主張しました。

同年八月十五日、帝国議会は、「宗教的情操教育に関する決議」を上げています。「宗教的情操の陶冶を尊重せしめ、以て道義の昂揚と文化の向上を期さなければならない」というものですが、これは、新憲法によって宗教的情操教育が禁止されるのではないかと恐れた勢力が、一種の脱法措置として、あらかじめ行なった決議でした。

教育基本法の制定過程においても、教育基本法第九条の宗教教育に関する条項について何段階もの案が作られ、途中までずっと「宗教的情操の涵養」という表現が入っていました。最後に、神道指令（一九四五年十二月十五日の国家神道廃止令）を発したGHQの関与があって、それが外れます。そこで、GHQによる押しつけ憲法だという人たちは、教育基本法についても、「宗教的情操の涵養」が本来入るはずだったのに、GHQに禁止されたという主張を持っています。

「宗教的情操の涵養」が外された結果として、現行の教育基本法第九条があるのです。

宗教に関する寛容の態度及び宗教の社会生活における地位は、教育上これを尊重しなければならない。

②国及び地方公共団体が設置する学校は、特定の宗教のための宗教教育その他宗教的活動をしてはならない。

「宗教的情操の涵養」は、伝統文化や愛国心を教育基本法に盛り込みたい人たちにとっては、もう一つの重要な柱であり続けます。

一九六六年十月三十一日、当時の中教審が有名な「期待される人間像」という文書を出します。(「後期中等教育の拡充整備について」答申別記) その第二部「日本人にとくに期待されるもの」の中の第一章の五として、「畏敬の念をもつこと」が再登場します。

「すべての宗教的情操は、生命の根源に対する畏敬の念に由来する。われわれはみずから自己の生命をうんだのではない。われわれの生命の根源には父母の生命があり、民族の生命があり、人類の生命がある。ここにいう生命とは、もとより単に肉体的な生命だけをさすのではない。われわれには精神的な生命がある。このような生命の根源すなわち聖なるものに対する畏敬の念が真の宗教的情操であり、人間の尊厳と愛もそれに基づき、深い感謝の念もそこからわき、真の幸福もそれに基づく」

ここでは「宗教的情操」と「畏敬の念」が結びついて出ています。「期待される人間像」が当時議論になったのは、第二部「日本人にとくに期待されるもの」の第四章「国民として」の中で、第一に「正しい愛国心をもつこと」が出てきたからです。そしてこの愛国心ははっきりと天皇に結びつけられていたのです。第四章の二は「象徴に敬愛の念をもつこと」となっていて、そこにはこうありました。

「日本の歴史をふりかえるならば、天皇は日本国および日本国民統合の象徴として、ゆるがぬものをもっていたことが知られる。（中略）天皇への敬愛の念をつきつめていけば、それは日本国への敬愛の念に通ずる。けだし日本国の象徴たる天皇を敬愛することは、その実体たる日本国を敬愛することに通ずるからである。

このような天皇を日本の象徴として自国の上にいただいてきたところに、日本国の独自の姿がある」

「日本国を敬愛する」というのは日本語として変な感じがしますが、このような形で、一九六六年の「期待される人間像」で宗教的情操の涵養、愛国心、天皇への敬愛の念、そして畏敬の念がそろって出てきたのです。

ここで重要なことは、「新しい教育基本法を求める会」の人たちが求めるような「宗教的情操の涵養」、「大いなるものへの畏敬の念」などがまだ教育基本法に入っていないにもかかわらず、なぜ『心のノート』で、すでにこれに対応する部分が出てきているのか、ということです。

その理由は学習指導要領にあります。一九七七年の『中学校学習指導要領』の改訂の際に、道徳の徳目の中に、「人間が有限なものであるという自覚に立って、人間の力を超えたものに対して畏敬の念をもつように努める」ということがすでに入れられていたのです。「畏敬の念」は、教育基本法改正への与党の中間報告（二〇〇四年六月）では、そのものとしては見あたりません。それに対応するのはおそらく、「教育の目標」の⑤「生命を尊び、自然に親しみ……」あたりになっているのでしょう。

しかし、今回の改正論の中でも、教育基本法に「宗教的情操の涵養」や「畏敬の念」を入れたいという動きは顕在化しています。

河村建夫氏が、一九九九年八月に自民党の教育改革実施本部の教育基本法等研究グループの主査になったときに、「平成の教育勅語を念頭に置いて議論したい」と述べたことに第一章で触れましたが、そこで、畏敬の念についても次のように述べているのです。「教育基本法改正論議に思うこと」(http://www.tspark.net/autoweb/tspark/sbbs/id0141.php) という文章です。

「わが国にあっては宗教が国民の道義心を育んだ面があった。神を祀《まつ》る神社にはとくに教義もなかったが、伝統的に知る、宇宙を支配している自然の力に畏敬の念を抱く気持ちが、この社会にあって不遜な言動を自ら慎ませ、道義心を養ったのである。しかし、戦後、国家神道を排撃したGHQ（連合軍総司令部）に遠慮し、あえて教育から全ての宗教を遠ざけたために、道徳までが軽視されることとなった。教育基本法第9条の『宗教教育』の規定ではいかにも物足りない、というべきである」

大いなるものへの畏敬の念が国民に「この社会にあって不遜な言動を自ら慎ませ」る、という部分に注意しましょう。文部省の「新日本建設の教育方針」（一九四五年九月）で「宗教的情操の涵養」が「独り慎む精神」に結びつけられていたことを想起させます。結局これは、天皇に象徴される超越的なもの、国家のような「個人の生命をも超えた大切なもの」に対して「不遜な言動を自ら慎ませ」ること、「独り慎む精神」をもたせること、そうして国家や既存の権力・権威に対して従順な国民精神を培うことを狙っているのではないでしょうか。

この場合「大いなるもの」は、神にもなれば仏にもなれる、代入自在な概念なのです。キリスト者であれば神を代入して、これは自分たちの世界だと思う。仏教徒であれば仏を代入する。神道では当然、記紀神話の神々です。「大いなるもの」はまた「自然」でもよい。そうすると、アニミズム的な宗教の世界になります。それは国家でもよいし、「天壌無窮の皇運」(教育勅語)、つまり「千代に八千代に」栄える天皇家であってもよいわけです。それは「大いなるもの」として超越性を持っている。それに対して、自分がいかに卑小であるかを自覚する。したがって、不遜な言動をしてはいけない、反抗してはいけないという気持ちを植えつけられれば、目的は達成される。

大人や教師や政治家たちの言うことをきかない若者たちが出てきたときに、従順に言うことをきく次の世代を育てようと、教育における「宗教的情操の涵養」が強調されることになるわけです。

## 仏教界の思惑

宗教教育について、もう一つ重要なことは、最近の全日本仏教会の動きです。

全日本仏教会(全日仏)は、真言宗、天台宗、浄土宗、浄土真宗、臨済宗、曹洞宗など、主要な仏教宗派がほとんど含まれている組織です。仏教系でも創価学会など新興宗教は含まれていないのですが、伝統仏教に所属する寺院の九割が含まれている巨大団体です。その理事長の名前で、教育基本法第九条、すなわち宗教教育の条項の改正を求める要望書が出されています。

第一点は、「日本の伝統・文化の形成に寄与してきた宗教に関する基本的知識及び意義は、教育上これを重視しなければならない」。

これは、先に引用した、現行の条文とまったく違います。現行の第九条では、宗教とはあくまで宗教一般のことで、ある宗教を差別したり、特別扱いしないという、近代社会ではごく当たり前のことを言っているのです。ところが、全日仏が要望している第一点は、「日本の伝統・文化の形成に寄与してきた」かどうかで各宗教の間に線引きをし、「寄与してきた宗教」を特別視してほしいということです。

「日本の伝統・文化の形成に寄与してきた宗教」とは、一体何なのでしょうか。神道と仏教がまず思い浮かびます。では、キリスト教は日本の「伝統・文化」の形成に寄与してこなかったのかといえば、決してそうは言えないでしょう。

日本にも内村鑑三をはじめ、キリスト教の傑出した思想家が出ていますし、宗教学者やキリスト教神学者もいます。多くのミッション系の学校が幼稚園から大学まで存在しています。キリスト者の首相も出ていますし、信仰によって日本社会に文化的・社会的貢献をしてきたキリスト者の人々も大勢います。もしも「伝統・文化」というものが、前に見た『心のノート』に出ているような程度のものだとしたら、毎年十二月二十四日にクリスマス・イブを祝うのもすでに日本の伝統的な風習になっていると言えるのではないでしょうか。

このように考えれば、キリスト教も「日本の伝統・文化」に寄与していると十分言えるでしょう。しかし、全日仏の念頭にあるのは、おそらく神道と仏教だけでしょう。神道と仏教を特別扱いして教育上尊重してくれというのは、大きな問題です。

第二点は、「宗教に関する寛容の態度及び宗教的情操の涵養は、これを尊重する」ということです。「宗教に関する寛容の態度」については現行の教育基本法にもありますが、ここに「宗教的情操の涵養」が付け加えられています。仏教界も「宗教的情操の涵養」を欲していたわけです。

第三点は、「国及び地方公共団体が設置する学校は、特定の宗教のための宗派教育その他宗教活動をしてはならない」とあります。現行法では、「宗教教育」となっているのを「宗派教育」にしたわけです。「その他宗教活動をしてはならない」ともあるので曖昧なのですが、宗教教育を宗派教育にすることによって、宗派の教育はしてはいけないけれども、宗教教育ならしてもよいとなりかねない。

全日仏の石上智康常務理事（浄土真宗本願寺派）は、二〇〇三年に、「無国籍の宗教教育であってはならない」と述べています（「中外日報」二〇〇三年五月二十九日付）。「無国籍の……」というのは、そもそも教育基本法論議において中曽根康弘元首相が繰り返し述べてきた言葉で、改正派がよく使う言葉です。どの国に行っても成り立つのがこの教育基本法で、そこには日本らしさがないというのです。石上理事の発言の趣旨も、あくまで「日本の宗教教育」でなければならないということでしょう。そう考えれば、「日本の伝統・文化の形成に寄与してきた宗教」を特別扱いしたいこともわかりますし、「宗教的情操の涵養」といっているその中身がどんなものであるかも予想できるでしょう。

このように見てくると、結局、「宗教的情操の涵養」は、今日においても天皇制を中心とした伝統文化と密接なかかわりがあり、その中で、子どもたち、ひいては将来の国民の「心」を、従順で、存在するものに対する「感謝」に満ちた、統治しやすいものに編成していくためのイデオロギーになっていることがわかります。

「存在するものへの感謝」とは、既存の秩序や既存の在り方に対する肯定だと考えられます。特に「伝統・文化」といわれるものは、特別に感謝の対象になるわけです。そして、「無国籍の宗教教育であってはならない」として、「日本の伝統・文化の形成に寄与してきた宗教」を特別扱いし、きわめて国家主義的なイデオロギーであることがすでに明らかな「宗教的情操の涵養」を盛り込む。ところがこれは、実は戦前・戦中に仏教界が行っていたことと瓜二つなのです。

『仏教報国綱領』(一九四一年二月発行)という興味深い資料があります。仏教徒としていかに国に報いるか、国に奉仕するかが書かれており、著者は、真言宗智山派の仏教学者の高神覚昇です。発行所は財団法人大日本仏教連合会ですから、仏教界全体が高神覚昇という当時の(実は戦後も)有名だった仏教学者に書かせているわけです。一九四一年二月といえば、まだ日米開戦前ですが、日中戦争が総力戦として戦われていました。

ここで注目したいのは、次のような記述です。

「われわれは日本臣民であるが、同時に日本仏教徒である。仏教には国境はないが、しかし仏教を信ずる者には祖国がある。われらは日本仏教徒として、あくまで国家のためにおのれの職域を通して御奉公すべきである」

こうも言っています。

「要するにわれわれは、万邦無比の皇国日本に生をうけ、世界に類なき仏教に遭遇したる因縁を欣《よろこ》び、報恩謝徳の行として、臣道を実践してゆくことが、とりも直さず日本仏教徒として、国家の新体制に処する唯一の道であるということを改めてハッキリ知らねばならぬと思います」(以上、原文は旧字体)

一九三〇年代から四〇年代にかけて超国家主義の時代に、仏教の世界では、まさに「無国籍の宗教」ではないのだ、自分たちはあくまで「日本仏教徒」なのだと言って、総力戦に全面的に協力していったのでした。

こうして見ると、教育基本法改正をめぐる全日本仏教会の動きは、国に頼まれたわけでもないのに自ら国にすり寄っていく、危うい道のように思われるのです。

## 国家が一つの宗教になる

感謝の念を大切にしようというのは、仏教でもキリスト教でも同じでしょう。また、仏も現世に対しては超越的なものでしょう。そうした超越性、人智、個人を超えたものが宗教の中で敬われることは事実です。

そこで、現に全日本仏教会がそうであるように、「宗教的情操の涵養」といわれると、宗教者たちは「これは自分たちの世界だ」と思って引きつけられていく。そして一般の人も引きつけられていくことは十分ありうることです。けれども、そこにはちょうど、かつての天皇制が、国家を一つの宗教的な存在にする、いわば天皇教として機能したのと似たような構造があるのです。

国（神）のために命を捧げたものが英霊（＝殉教者）として讃えられる。これは宗教における殉教の構造とまったく同じです。歴史的にいえば、近代化によって宗教が退いて、世俗化された社会に国家が近代の神として登場した。国家が新たな絶対者として登場して、国民がその国家のために命を捨てれば、それは殉国、つまり一種の殉教者として讃えられる。

これは、国家そのものが宗教的存在になるということです。既成宗教が世俗世界から退けば退くほど、世界における国家の絶対者性、神的性格が強まって、それに対して命を捧げることが一種の宗教的行為になる。「宗教的情操の涵養」を近代日本の国家がずっと必要としてきたのも、おそらくはそのためなのです。

ちなみに、森喜朗首相（当時）が物議をかもした「神の国」発言（二〇〇〇年五月）、「日本の国、天皇を中心としている神の国であるぞということを国民の皆さんにしっかりと承知をしていただく」という発言は、単なる失言ではありません。森首相は、あの発言が「失言」として報じられた後、「神」と言ったのは特定の宗教の神のことではなく、自然の中に人間を超えたものを見る多神教的な宗教風土のことをいった、という趣旨の弁明をしました。確かに彼は、最初からそういうつもりで発言しているのです。

森首相は、自分が言っている天皇中心とは、憲法に書かれているように、天皇が「日本国の象徴であり日本国民統合の象徴」だという意味だし、「神の国」というのは、何も唯一絶対の現人神がいるのではなく、日本の伝統的な信仰として、森羅万象の中に神々を見る、大いなるものの働きを見て、それに感謝するという信仰であって、そこでは神様であれ、仏様であれ、天照大神であれ、神武天皇であれ、親鸞上人であれ、日蓮さんであれ、誰もがみんな神様になりうる、と釈明しました。森羅万象に神々を見るという宗教心、心に宿る文化としての宗教心が、「日本の国の精神論」として一番大事だと言ったのです。神様でも、仏様でも、親鸞でも、日蓮でも、何でもよいというのは、特定の宗教ではなくて、まさに代入可能な「畏敬の念」、「宗教的情操」です。多神教の中に神も仏も何もかもが全部含まれてしまう。その意味では多神教だけれども、形式としてはむしろ一神教的です。抽象的一神教、あるいは構造的一神教。「大いなるもの」のところに何を代入しても成り立つけれども、究極的には「日本」がすべてを包み込む。森羅万象に神々を見る、いわゆる神道の神々だけではなく、仏菩薩も、祖師も、イエス・キリストも、キリスト教の聖者も神として見る、けれども究極的には国家が絶対的な神なのです。そしてそれを代理するのが天皇です。「天皇を中心としている神の国」となるゆえんです。

この意味で、森首相の「神の国」発言は、うっかり口をすべらせた失言ではなく、憲法改正、教育基本法改正の流れに見事に棹さした、いわば「名言」だとも言えるのです。

# 第五章

## 日の丸・君が代の強制

——そもそもなぜ儀式でなければならないのか

A　おやおや、生あくびをかみ殺したりして、なんだか眠そうですね。

B　いや、失礼。ここのところ仕事が立て込んでいて、寝るヒマもありませんよ。

A　ほう、どうだかなあ。アテネ・オリンピックのテレビ中継に釘付けになっていたんじゃないですか。

B　ばれましたか。やはり日本の選手が活躍しているのを見ると興奮しますね。表彰式で日の丸が揚がり、君が代が流れると、なんだかジーンとくる。

A　へえ、ふだん冷静な君があんなものに感動するとは意外ですね。

B　なんだかとげのある言い方じゃないですか。そりゃ僕だって「君が代」の歌詞は民主主義になじまないとは思いますが、一応、日本の国旗と国歌ですからね。

A　気にさわったならごめんなさい。実はこの春に息子の学校の卒業式に出席するまでは僕も「君が代」についてさしたる悪感情を持っていなかったのですが、その時にちょっといやな経験をしましてね。司会の先生が「国歌斉唱、一同起立」と言って子どもたちが一斉に立ち上がった後、「保護者の方もご起立を」とうながされたんですよ。僕自身はなんとなく立ち上がったのですが、そのまま椅子に座っている人も何人かいました。すると、先生が駆け寄ってきて、座っている人たちに「国歌斉唱です。ご起立ください」と言ってまわっているんです。そのときはそれ以上のことはなく、卒業式は式次第通りに進行していきましたが、なんだかウンザリしてしまって。まわりの保護者もみなさん同じような感覚だったらしく、君が代、ほとんど歌ってなかったですね。

**B**　ウーン、確かに押しつけがましい話ですね。僕らの子どものころはそんなに堅苦しいことはしていなかったように思う。ちょっと驚きました。これも高橋さんの言う新国家主義の表れなんですかね。

**高橋**　確かに驚くべきことですが、しかし、それくらいで驚いているようでは、今日の話にはもっとウンザリするかもしれませんね。

**A**　ということは、私が見聞きしたものよりも、もっとひどいことが行われているということですね。

**高橋**　ええ、まずは東京都の教育現場の例からお話ししましょうか。

## 東京都による国旗・国歌の強制

国のレベルでは新自由主義と新国家主義が結合した教育改革が進められており、それ自体が教育基本法の理念に反する疑いがありますが、東京都でも同様のことが行われています。それどころか、東京都が国のレベルの改革を先取りする形で、先端を走っている状況なのです。

新国家主義的側面についていえば、東京都の公立学校では、日の丸・君が代の強制が極端な段階に達しています。それがとりわけ激しくなったのは、二〇〇三年十月二十三日に東京都教育委員会による実施指針が通達されてからです。その実施指針の中で都教委は、卒業式、入学式などでの国旗の掲揚と国歌の斉唱について、「教職員は国旗に向かって起立し、国歌を斉唱する」ことのほか、国旗と都旗は舞台正面壇上に掲揚すること、国歌斉唱はピアノ伴奏などで行うこと（もちろんジャズ調やラップ調にアレンジしたら不適格とみなされます）、教職員の服装は厳粛で清新な雰囲気の式典にふさわしいものとすること、などときわめて詳細に指示しています。なかでも重要なのは、この実施指針にそって実行するように、あらかじめ職務命令が各教員に出され、それに従わなければ処分すると言われていることです。

この通達について、問題はとりあえず三つあると考えられます。一つは、日の丸掲揚・君が代斉唱に関して教職員の服装まで含めた詳細なマニュアルがまず示されて、それをあらかじめ一人ひとりの教職員に職務命令という形で強制している点。

第二に、そのとおりにしなければ職務命令違反で処分することがあらかじめ通告されていた、すなわち一種の脅迫がある点。

第三に、本当に実施指針どおりに実行されているかどうかを監視するために、教育委員会が各学校に職員を派遣して調査をさせる。そしてその報告をさせ、その結果に基づいて実際に処分を行ったという点。

この結果、二〇〇四年五月までに約二百五十人の教職員が処分されています。あらかじめ処分されることがわかっていたにもかかわらず、不起立、つまり国歌斉唱のときに立たない選択をして処分された人々が約二百五十人にのぼりました。この人たちは今、「日の丸・君が代不当処分撤回を求める被処分者の会」、あるいは「同不当解雇撤回を求める被解雇者の会」などをつくって、都の人事委員会に提訴したり、そもそもこのような通達に従う義務がないことを法的に確認するための予防訴訟といわれる裁判を起こしたりしています。

その後、さらに問題点が加わりました。このとき処分された教職員のもとに、服務事故再発防止研修を受けよという発令通知書が六月末に発せられたのです。つまり、処分されたということを「服務事故」とみなして、それが再発することを防ぐための研修が被処分者に義務づけられたのです。都教育委員会の服務事故再発防止研修実施要綱によると、研修成果を確認するために被処分者には、自ら行った「非行」に関する報告書を作成させることになっていて、要するに君が代斉唱のときに不起立をするのは「非行」だと自ら認めるまで反省を命じたのです。これは思想転向の強要にも等しく東京都の学校教育は、収容所を持つ全体主義国家のような様相を呈しはじめた感があります。

## 生徒、保護者への圧力

こうした日の丸・君が代の強制は、教職員への処分にとどまるものではありません。東京都ではすでに、生徒で不起立者が多かった学校やクラスでは、担任の教員などがその責任をとらされ、指導あるいは処分を受けました。生徒がきちんと「君が代」を歌わない場合には教員が処分されるとなれば、教員には生徒に対する強制が強制される。そして、生徒たちは教員を通じて強制されることになるのです。

東京だけではありません。福岡県久留米市では教育委員会によって二〇〇四年春の小・中学校の卒業式、入学式で、生徒たちの「君が代」を歌う声の大きさを、大、中、小の三段階に分けて声量調査が行われました。生徒たちが小声でしか歌っていなかった学校に対しては、教育委員会が「しっかり歌わせるように」と指導して、調査結果を市議会の教育民生委員会に報告させたのです。生徒に対する強制が進んできていることがよくわかる例です。

保護者に対してもプレッシャーがかけられはじめています。

東京都中野区の小学校のＰＴＡ会長が入学式の挨拶で、迷いながらも日の丸・君が代問題について「教育現場への押しつけはおかしい」と話したところ、囂々《ごうごう》たる非難を浴びて、地域の代表からは「お子さんがいじめられるかもしれない」などと脅かされ、ついに校長の求めによってPTA会長を辞任させられた事件がありました。二〇〇四年四月六日、東京都中野区立桃園第二小学校の入学式での出来事ですが、三十五歳のPTA会長は式辞のなかで、都教委による教職員の大量処分に触れた上で、おおよそ次のように述べたのです。

「教育は脅しや押しつけとは共存できない。日の丸・君が代で立場の違いはあっても、教育の場を強権的な押しつけから守ることには協同すべきだと思います」

式典の後、会長は校長から「あなたの意見がPTAや学校の総意と思われては困る。公の場でそのような私見は控えてほしい」と言われただけでなく、ある区議会議員から電話で「時と場所をわきまえろ。反省しろ！」と怒鳴られた。PTAの役員会でも非難が噴出し、「PTAは思想的に真っ白であるべきだ」と、いかにも会長が〝真っ赤〟であるかのような非難が出されたそうです。はたして校長がPTA代表に「そのような私見は控えてほしい」と言う権限はあるのでしょうか。いつから日本の学校長は保護者の言論の自由を制約する権限を与えられたのでしょうか。

## ルールと強制

国旗・国歌に関する指導は、教育公務員としての職務上の義務であるという議論があります。「君が代」の伴奏を拒否した音楽科の教員が、処分を不服として起こした訴訟に対する判決でも、同様の論理が示されています。また、石原都知事も、教育公務員がルールを守るのは当然だと述べています。とはいえ、仮にこの論理を認めたとしても、教育公務員でない生徒には適用できません。生徒たちの思想・良心の自由は憲法で保障されているだけではなく、子どもの権利条約などでも保護されていますから、それに反して強制が及ぶことは明らかにおかしい。まして保護者にまでそれを強制することは絶対にできないはずです。

では、教育公務員たる教職員に対する強制はどうでしょうか。石原都知事がルールと称するこの通達、実施指針による日の丸・君が代の義務づけ自体が、憲法、教育基本法に違反する疑いが強いというのが、私の基本的な考えです。公務員は憲法を尊重し擁護する義務があると憲法（九十九条）で定められており、また、憲法に違反するあらゆる法律や命令は無効であるとも憲法（九十八条）で定められています。教育公務員が最終的に従うべきものが憲法だとすれば、ルール自体が違憲である疑いがある場合には、少なくともそれに従わない権利を主張できるでしょう。それどころか、憲法違反であることが明白な職務命令には従わない義務があると主張することもできるかもしれません。つまり、「国の最高法規」であるはずの憲法を遵守しなければならない公務員は、憲法に違反して無効であるようなルールには従うべきでないという考え方です。

しかし、このことは単に法律論だけの問題ではありません。憲法で思想・良心の自由が保障され、教育基本法第十条で教育行政が教育に対して「不当な支配」を及ぼすことが禁じられているのは、国家と個人の関係において、国家が個人に対して逃れられない形で思想的な強制を行うことが、そもそも近代国家が保障すべき基本的人権である思想・良心の自由に反する、という考え方が根底にあるわけです。この場合、憲法や教育基本法は、人々が求める思想・良心の自由を国家に尊重させるための〝武器〟なのです。

教育論として考えても、大きな問題があります。教育基本法の前文に示された基本的な理念を踏まえれば、当然、日本の公教育は民主主義の基本原則によって貫かれていなければなりません。教育基本法の第八条には、「良識ある公民たるに必要な政治的教養は、教育上これを尊重しなければならない」とあります。この「政治的教養」とはすなわち民主主義に対する理解のことです。そう考えると、学校現場で校長と教職員との関係がきわめて非民主的な上意下達あるいは上命下服——上の命令に下が必ず従わなければならない——システムになってしまうのは、民主主義の教育の場であるはずの日本の学校にはふさわしくないでしょう。

そのような上命下服のシステムは全体主義国家の特徴そのものですから、こうしたシステムのもとで教育された子どもたちは、自分の頭で考え、自分の理性でものごとを判断することができなくなってしまう。「お上」の命令であればその内容如何《いかん》にかかわらずそれに従うような教育の場で、自分の頭で考え、自分の理性でものごとを判断できる子どもたちが育つとは思えません。

## 儀礼であることの意味

ところで、以上の議論はすべて一つの前提の上で成り立っています。それは、日本の学校では卒業式や入学式で国旗掲揚・国歌斉唱を実施するものであり、それを認めるという前提です。その上で、さまざまな理由から日の丸や君が代に対して起立したり、歌ったりしたくないという人が、自分たちの権利を主張している。言うまでもなく、これは最低限の権利主張です。日の丸や君が代をなくせと言っているわけではありませんし、卒業式、入学式で国旗掲揚・国歌斉唱をやめろと言っているわけでもありません。国旗掲揚・国歌斉唱をやることは仕方がないけれども、自分はそれに従えないから、例外を認めてほしい、最低限の自分の権利を尊重してほしいと主張しているのです。

しかし、この前提そのものも、よく考えてみるとそれほど根拠のあることではありません。まず、入学式や卒業式で国旗掲揚・国歌斉唱を実施しなければならない理由はない。次に、入学式や卒業式を儀式的な形で行わなければならない必然性もない。逆に言えば、入学式、卒業式はいくらでも多様な形でありうるはずです。さらに言ってしまえば、入学式、卒業式そのものを行わなければならない必然性もない。これらのことは本来、個々の学校が主体的に判断してよいはずのことなのです。

卒業式、入学式、これらは学校の教育内容に属することです。繰り返して確認すれば、教育基本法第十条は、「教育は、不当な支配に服することなく、国民全体に対し直接責任を負って行われるべきものである。教育行政は、この自覚のもとに、教育の目的を遂行するに必要な諸条件の整備確立を目標として行われなければならない」となっています。つまり、教育は、教育行政すなわち文部科学省を頂点として末端の市町村教育委員会に至る行政権力の不当な支配を受けない。旭川・岩手学力テスト裁判の最高裁判決(一九七六年五月二十一日)は、教育内容への行政の介入の禁止が無制限ではないことを判示しましたが、卒業式や入学式の内容が学校現場に任せることのできない、行政指導をどうしても必要とするものだと考えることには無理があります。

しかし、この大前提がいつの間にか完全にどこかへいってしまいました。国旗掲揚・国歌斉唱をするのは当たり前だけれども、最低限の少数者の権利は認めてほしいというところで議論がなされている。この前提を一度、ひっくり返してみる必要があります。国家と教育の関係でいえば、国旗掲揚・国歌斉唱を教育の場でやること自体、実はなんら必然的なことではないのです。

そもそも、入学式、卒業式をあのように極度に儀式的な形で行うことの起源は、どこにあるのでしょう。それは、戦前の学校で行われていた儀式、儀礼であるにちがいありません。敗戦によって教育の理念が一変したにもかかわらず、戦前・戦中の国家主義的な儀礼のシステムが、今日まで生き残っているのではないでしょうか。

## 日本の「地金」

どうして、東京都をはじめとする極端な強制が復活してしまったのでしょう。私は、旧帝国時代につくられた日本という国の「地金《じがね》」がむき出しになってきたという印象を禁じえません。

たとえば、戦前の祝日はほとんど天皇と天皇制に関わる理由に基づいて定められていました。現在は「国民の祝日」は休日ですが、かつての天皇の誕生日である天長節、あるいは建国記念日である紀元節などの祝日には、子どもたちは学校に登校して、日の丸・君が代に触れ、校長先生の話を聞いて帰ってくる、ということになっていたわけです。学校だけではなく、官公庁や各家庭でも祝日には日の丸を掲げることが奨励されました。

そして敗戦後、連合国の占領下でも、その習慣は続いていました。田中伸尚氏の『日の丸・君が代の戦後史』(岩波新書)によれば、GHQは日の丸に対して正式には禁止命令を出さなかったため、日本側から掲揚許可を求める申請が出され、GHQがそれを許可する形になっていたとのことです。田中氏は「日本政府には敗戦の持つ意味を総括する認識は希薄で、また『日の丸』や『君が代』を民衆とともに考え直そうともしなかった。敗戦前の意識と感性がほとんどそのまま継承されていたようだった」と述べています。現在も祝日のことを「旗日」と言ったりするのは、その「意識と感性の継承」が今に至ることの表れといってよいでしょう。

君が代については、きわめて印象的な新聞記事があります。日本国憲法が公布された日に、東京都でそれを祝う祝典を行ったときのものです。この祝典には、もちろん都知事もいれば、当時の吉田茂首相、貴族院・衆議院の議長など、さまざまな人たちが出席していましたが、天皇・皇后が入場する際に君が代が流れたという記述——

「都民祝賀会場、君が代の奏楽裡にお待ち申し上げた陛下の御来場だ。中折にモーニングのお姿、薄萌黄色の宮中服をお召しになった皇后陛下が、おそろいで壇上にお立ちになった。間近に拝する両陛下のお姿、人々はただ夢中で君が代を歌った。終戦以来、こんな大声で君が代を歌ったことがあろうか――」（一九四六年十一月四日付毎日新聞）

一九四六年、日本国憲法は君が代とともに公布されていたのです。君が代に戦前・戦後の断絶がないことがよくわかる事実です。

日教組（日本教職員組合）でさえ、君が代はまだしも日の丸に強力に反対したということはありませんでした。戦後一九五〇～六〇年代ぐらいまで、日本の革新勢力は「民族主義」を掲げていて、それはとりもなおさず、日米安保体制を批判する反米民族主義でした。米国への従属から民族の自主独立をというスローガンを革新勢力も唱えていて、「民族」という言葉はプラスの意味で使われていました。日教組が君が代に代わる「新国民歌」として発表した「緑の山河」の中にも、「いまよみがえる民族の／わかい血潮にたぎるもの」というように、「民族」がうたわれています。

戦後初めて日の丸・君が代を学校に本格的に持ち込もうとした文部大臣は天野貞祐（一八八四―一九八〇、京大教授。カント研究者。五〇年に第三次吉田内閣で文相）です。天野は一九五〇年に、次のような文相談話を発表し、全国の教育委員会に通達しました。

「『文化の日』その他国民の祝日は、よりよき社会、より豊かな生活を築きあげるために、国民こぞって祝い感謝し、又は記念する日として、われわれ国民がみずから定めた日であります。（中略）このために各学校では、訓話、講演会、学芸会、展覧会、運動会等それぞれ特色ある様々な行事を催されることとは思いますが、その際、国旗を掲揚し、国歌を斉唱することもまた望ましいことと考えます。又、各官庁、各家庭においてもぜひともこれらの祝日には国旗を掲揚し、祝意をしめされるようおすすめします」

天野文部大臣談話の目的はすぐには達せられませんでしたが、のちに一九五八年、文部省が作成した学習指導要領に日の丸・君が代を式典で用いるのが望ましいと定められ、そのころから現場で実際に始まりました。

こうして見ると、やはり戦前・戦中の地金が敗戦後も本質的には解体されないまま温存されて、最近あらゆるところでそれがむき出しになってきている印象がするわけです。戦前から戦後、国家主義が連続してきたことの象徴としてあるのは、やはりまず第一に天皇でしょう。絶対主義的天皇制から象徴天皇制に変わってはいますが、天皇制自体は変わらなかった。そして日の丸・君が代があり、靖国神社がある。靖国神社は、戦後に一宗教法人となり、政教分離がうたわれてきましたが、最近になってまた国家による戦死者祭祀が復活に向かう萌《きざ》しがあります。これらひとつひとつの動きは、戦前・戦中につくられたこの国の地金、つまり先述の「国柄」を立てようとする傾向が現在まで生き残っていることの表れではないでしょうか。天皇制、日の丸・君が代、靖国神社の三つのうち、日の丸・

君が代は、天皇を中心とする神の国（森氏の言葉）のシンボルです。天皇はシンボル中のシンボルですが、その天皇をさらに象徴するものとして、日の丸・君が代があると言えるでしょう。

## 国旗・国歌への敬意は普遍的か

国旗や国歌、特に国旗に対する敬意を払う教育はどこの国でも行われているとよくいわれますが、はたしてそうでしょうか。たしかに、アメリカでは星条旗が一種聖なるものとみなされ、国旗に対する忠誠が求められる場面があります。教育現場でも、アフガニスタンやイラクでの「ブッシュの戦争」が始まってから、国旗掲揚の実施率がとみに高まったといわれています。とはいえ、時代をさかのぼってみれば、第二次大戦中（一九四三年六月）にバーネット事件判決と呼ばれるケースがありました。この裁判では、学校で星条旗への敬礼を拒否した子どもを退学処分にしたことは、知的・精神的自由を保障した合衆国憲法への違反であるという連邦最高裁の判決が下ったのです。ドイツや日本との戦争の真っ最中にこのような司法判断が下されたことは、注目に値します。

私の子どもはフランスの小学校に一年半通った経験があります。そのとき、フランスの学校を見て驚いたのは、儀式的な要素がきわめて少ないことです。たとえば運動会では、日本だと一連の決まった流れ——生徒の入場、校長先生の話と来賓の挨拶などの儀式から始まり、終りも表彰式などの儀式——があります。ところが、フランスの学校で運動会というと、みんなが校庭に三々五々集まってきて、子どもや親、先生が一緒になっておしゃべりをしている。そして時間が来たら、さあ始めましょうといって始まって、終ったらまたみんなでおしゃべりして解散する。儀式的なことはまったく行われないのです。まして、国歌の斉唱などありませんでした。

国旗についても、フランスの場合、官公庁などには三色旗が揚がっていますが、学校で掲揚が義務づけられているという話は聞いたことがありません。ドイツやイギリスでも、教育の場で国歌の斉唱が義務づけられていることはありません。

もとより、世界には百九十数ヵ国あり、いくつかの例だけで一般化することはできません。とはいえ、少なくとも西ヨーロッパ諸国では、国旗・国歌に対する敬意を強制することは一般的でない、とはいえるでしょう。学校で国旗掲揚、国歌斉唱を義務づけることが当たり前などとはとても言えないわけです。ひるがえって、日本の教育現場を見てみると、その儀式性は際立っています。卒業式・入学式だけではありません。朝礼や、運動会のときの軍隊式の行進が、戦後も長年行われてきたわけです。教育における国家儀礼というものが戦後も残ってしまった結果、行事はこのようにやるものだというパターンが今日まで続いているのです。それを一度、完全に自由にしてみる必要があります。卒業式、入学式でも、その中身は生徒と教員がまったく自由に構想してよいはずだし、またそうすべきだと思うのです。その上で、ある私立学校が、戦前からの日本の伝統を断固として引き継ぐのである、というのであれば、日の丸・君が代でもいいわけです。私立学校ではそれはかまわない。ただ、公立学校の場合には、パブリックネス（公共性）の要請があるので、それが問題になるわけです。

実際、東京都の都立高校などでは一時かなり自由なところまできていたわけです。入学式は在校生が入学してくる新入生を歓迎するイベントだから、体育館にみんなで集まるけれども、儀式的なやり方はやめて、もっと自由な形でやろうとか、卒業式も、卒業生を在校生が送り出すことが趣旨なのだから、それを中心に考えていろいろな形ができる、そうした試みがなされていたのです。ところが、この数年間で急激な揺り戻しがあり、再び儀式化が進行し、もっと強い儀式的な構造を持った式にすべきだという考えさえ出てきています。

**野中官房長官の答弁**

たとえ儀式的な形の卒業式・入学式であったとしても、そこで国旗掲揚・国歌斉唱を実施しなければならない必然性はどこにもない。必然性がないにもかかわらず、なぜそれが義務的なものとされているかといえば、その原因は学習指導要領なのです。文部省が一九五八年から公教育に持ち込んできた学習指導要領で、日の丸・君が代（最近まで正式な国旗・国歌ではありませんでした）を学校で指導するのが望ましいということになり、その後「指導するものとする」という文言になって現在に至っています。

その過程で国旗・国歌法が一九九九年に成立しました。この国旗・国歌法案が国会に上程されたときには、当時の小渕恵三首相、有馬朗人文相、野中広務官房長官など、政府の側の人たちは、この法律が成立しても教育現場をはじめとする社会での日の丸・君が代の扱いを変えるものではないと明言していました。野中官房長官は、「起立する自由もあれば、起立しない自由もあろうかと思います」と国会で答弁していました。起立しない自由もあるということが、国旗掲揚・国歌斉唱をするという前提があってではあるけれども、はっきりと認められていた。ところが、ひとたび国旗・国歌法が成立してしまうと、今度は、日の丸・君が代は国旗・国歌なのだから実施は当然だという議論が力を持ちはじめます。今日では教育現場でほぼ百パーセント義務化されているのが現実なのです。

東京都の場合が突出しているのは、職務命令という形ですべての教員に強制され、教育委員会の監視がついて、命令違反があれば処分する、そして今や処分者は転向を求められるという点ですが、そこまではいっていないとしても、全国各地で強制は強まっています。教職員組合に属する教員は、立っても歌わないというケースが多いようですが、これは不起立でないから問題にならないだけで、声量調査でも始まれば、これもまた処分の対象にされるでしょう。立っても歌わないという選択も一つの妥協です。立っても歌わない、しかし、歌っているように見えるというところがポイントで、歌わないというのはその人の良心の納得の問題として、ギリギリのところで踏みとどまっているということで、強制されていることに変わりはありません。

## よい国旗・悪い国旗

戦前からの負の遺産である日の丸・君が代を強制するのはやめよ、と批判すると、では、どんな国旗・国歌ならよいのか代案を出せ、という意見を持つ方もいるでしょう。国旗・国歌がないとオリンピックの時に困るではないか、と思う人もいるでしょう。しかし、どんなシンボルが国旗・国歌としてふさわしいと言えるのかも、簡単な問題ではありません。

現実問題として、ある国旗、たとえば星条旗、日の丸、フランスの三色旗、イギリスのユニオンジャック、韓国の太極旗といろいろありますが、それぞれに当該国民のどの程度の人々がよいイメージを持っているのか、無関心なのか、悪いイメージを持っているのか、そして周辺諸国や国際社会からはどういうイメージを持たれているのか、という問題があります。

星条旗に忠誠心をもつ米国人は多いとしても、それなら今、イラクではどうなのか、アフガニスタンではどうなのか。韓国でも、一方では星条旗に親近感を持つ人がいて、他方にはそれを焼いてしまいたい人がいる。それは国内においても同じです。公民権闘争が激しかったころ、オリンピックで表彰台を独占した米国の黒人選手たちが、星条旗が揚がると顔をそむけ、こぶしを旗に向かって突き上げて抗議する、という出来事がありました。したがって、ある国旗が、歴史的あるいは現在的に人々の中でどのようなイメージに結びついているのかということは、無視することはできないのです。そのようなイメージを国家の側は利用して、国民統合にそれを使える場合は使うし、使えない場合は、本来であれば別のシンボルを工夫するはずです。

フランスの三色旗でも、自由、平等、友愛の旗と考えれば、これはきわめてよいイメージになるけれども、その思想を広めたナポレオン軍が流した血を考えると、血塗られた旗でもあるし、フランスの植民地主義の旗という意味では、あの旗にわだかまりを持つ人は世界中にいるのです。

フランス国内においてもそうです。現在のシラク大統領のようないわゆる保守勢力、フランスでドロワット、右と言われる人々は、現在の三色旗への忠誠心を持っています。しかし極右勢力や、キリスト教原理主義者などで、フランス革命以前のアンシャン・レジームに郷愁を持っているような人々は、必ずしも三色旗によいイメージを持ってはいません。

このように、国旗や国歌には歴史的に形成されたイメージがつきもので、そのイメージは、国家が国民の意識を統合し、国家に対する忠誠心を形成するために操作するシンボルである、という問題があります。あまりにマイナスイメージが強い場合には、国家からすれば、取り替えたほうがよいことになりますから、たとえばナチス崩壊後のドイツ、あるいはファシズム崩壊後のイタリアでは、国旗を変えたのです。しかし、日本は変えなかった。

歴史的に言えば、日本の日の丸や君が代に抵抗感や違和感を持つアジア諸国の人々は、今でも少なからず存在しています。日の丸を掲げた自衛隊の艦船が、東アジアの海をわがもの顔に徘徊し始めたら、それはアジア諸国で当然、警戒の対象になるでしょう。韓国の元日本軍「慰安婦」で、最初に名乗りを挙げた金学順《キムハクスン》さんは、日本に来るときに乗った日本航空の飛行機に日の丸が掲げてあるのを見て、気分が悪くなったと言っています。

こういう記憶が、東アジアに住む日本の戦争被害者には残っています。とくに植民地支配を受けた地域、つまり韓国、北朝鮮（朝鮮民主主義人民共和国）、台湾などでは、その記憶は強烈なものがあります。その理由は、植民地を支配する朝鮮総督、台湾総督が、日本政府を飛び越えて天皇に直隷《ちょくれい》していたことにあるでしょう。要するに植民地支配は天皇の名において行われており、植民地の人々からすると、日本の権力はすなわち天皇だったのです。日の丸や君が代は、その天皇を象徴するものとして、敬意を示さなければならない対象でした。たとえば、植民地の人々には帝国臣民に対する教育として宮城遥拝、つまり皇居を向いて頭を下げたり、君が代を歌ったりすることが強制された。そのため、君が代の記憶がよりいっそう強く残っているわけです。

一方、日本の国内に目を向けても、植民地支配の結果として、日本国内に居住するようになった在日朝鮮人の人々や、皇民化教育、同化教育によって日本国民、帝国臣民にさせられた沖縄の人々、アイヌの人々の中には、やはり日の丸・君が代に対する抵抗感や違和感は、今でも少なからずあるはずです。

そのような日本の国家の歴史、近代の歴史を反省的に認識するような人であれば、元植民地出身の人でなくても、沖縄やアイヌの人でなくても、日の丸や君が代に違和感を持つことは十分ありえます。私自身も歴史認識の観点から、日の丸・君が代は国旗・国歌にふさわしくないと思っています。

では、日の丸・君が代ではない、よい国旗・国歌をつくればよいのでしょうか。確かにそのほうがベターだ、と私も思います。つまり、日の丸・君が代はよくない。ましてその強制はよくない。別の国旗・国歌、つまり日本のそういった血塗られた歴史を象徴していないような国旗・国歌にできるのであれば、そのほうがいいわけです。

しかし、別の国旗・国歌であれば問題がないのかと言えば、そうはいえません。やはり国旗・国歌は常に国家による国民統合のための、そして国民の国家に対する忠誠心を結集するためのシンボルとして操作されるものなので、どんな国旗・国歌になっても、それに対する警戒は必要なのです。したがって、国旗・国歌がなくてすめば、さらにベターだというのが私の考えです。

逆に言うと、みんながよい国旗・国歌だと思う国旗・国歌であればあるほど、危険だとも言えます。よい国旗・国歌に対する憧れや共感を通じて、国家に対する無批判な同一化につながる、それだけ統合力の強い国旗・国歌になるわけですから。

その点から言えば、日の丸・君が代が国旗・国歌であって、これに対して論争があるという状態は、むしろそれがまったくないよりは、安全装置としてはよいといえるかもしれません。教育と国家という観点からすると、たとえ別の国旗・国歌であったとしても、それを教育現場で義務づけることになれば、問題としては同じことです。教育を、国民精神を形成するための装置として利用することになる。そのためのシンボルが国旗・国歌だということです。

確かに国旗・国歌による国民意識の統合は、歴史的に言えばほとんどの国で行なわれてきました。それが近代のナショナリズムを形成する一つの重要な柱でした。その点をとらえて、だから国旗や国歌を敬わせること自体は、普通の国として当然ではないかという議論があります。戦前・戦中からの延長上にある日の丸・君が代は、誤ったナショナリズム、軍国主義的ナショナリズム、帝国主義的ナショナリズムの負の遺産だけれども、健全なナショナリズム、「普通の国」のナショナリズムを喚起する国旗や国歌はむしろ必要だという考え方です。

表面的には、日の丸・君が代に代えて別の国旗・国歌をという話は受け入れられやすいように見えます。しかし、その背景にある「普通の国」論、「健全なナショナリズム」論は、実はきわめて危険だというのが私の考えです。

健全なナショナリズム論が想定しているのは、イギリスやアメリカのナショナリズムであったり、フランスやイタリアのナショナリズムであったりします。つまり「イギリスだってフランスだってアメリカだって」という話でしょう。しかし、そういった国が、これまでにどれだけ血塗られた帝国主義の歴史を持ってきたかということを考えると、そうした「国」や「ナショナリズム」の「健全さ」もまた大いに疑問なのです。

# 第六章　戦後教育のアポリア——権力なき教育はありうるか

A　ようやくわかってきましたよ。要するに高橋さんは、国家が個人に価値を押しつけるなと、手を替え品を替え言っているわけですね。

B　最初からそう言っていたような気がしますが。

A　いや、これは大事なことだから確認しておきたいんですよ。だって、法律や教育を介して国家が個人に価値を押しつけるなというのであれば、現行の教育基本法だって、真理と正義への愛とかうたっているわけでしょう。虚構と邪悪が好きな人にはこれだって押しつけになるでしょうよ。

B　わあ、ずいぶん悪趣味な想定をしましたね。

A　それだけじゃない。高橋さんがよく持ち出す「個人の尊厳」、「個人の価値」だって、まさに価値観でしょう。もちろん僕だってそうしたものの方が、国家主義や全体主義よりも好ましいとは思っていますよ。でも、つじつまが合わないじゃないですか。

B　ほう、それなら僕も言わせてもらおうかな。僕は逆の方から考えました。高橋さんは国家が個人の内面に干渉することを極力排する方がよいとお考えのようだけれど、国家というか、社会や共同体からまったく独立した個人なんて考えられない。僕らは生まれたときから日本国民なんだから、自分の幸福と矛盾しない限りで国家に協力して生きていくというのは当然じゃないかと思います。

**高橋**　お二方とも、いきなり核心に迫る勢いですね。おっしゃることに、それぞれ半分くらいは私も賛成です。ただ、前にも言いましたが、教育と国家をめぐる問題は歴史的な条件というものを考慮しないと宙に浮いた議論になってしまいます。今回は今までのしめくくりも兼ねてアポリアとも言える戦後教育の問題点についてお話ししましょうか。

## 教育基本法の問題点

これまで政府・与党・財界・言論界などからの教育基本法改正論に対して、その改正論の中にある問題点、とりわけ国家との関係で、教育を国家主義によって染め上げていく危険性がある部分について述べてきたわけですが、それでは教育基本法自体に国家との関係に関して問題はないかといえば、実はそうではありません。

たとえば、愛の法制化の問題があります。愛国心についてお話ししたように、何かを愛するかどうかは諸個人の自由なので、国民に「何々を愛せ」と愛の対象を法によって定めることは、思想・良心の自由という基本的人権に反することです。ところが、現行の教育基本法では、第一条の「教育の目的」の中にはっきりと、「真理と正義を愛し」という表現が出てきて、日本の公教育は真理と正義を愛する子どもを育てることになっています。真理や正義への愛を、教育を通して注入することが教育の目的になっているではないか、と言われればその通りです。

しかし、教育に対して国家権力、行政権力が支配的な立場に立ち、国家権力が個人を国民として統治していくために公教育という装置を利用する、そのことによって「国民精神」というものをつくり出して、国家のさまざまな行為、国家権力の発動に対して、これに従順で、無批判に支持していくような国民を生み出そうとすることは、教育の自由に対する「不当な支配」です。そのようなことは認められないという立場に立つなら、愛国心、つまり「国を愛する」ということと、「真理と正義を愛する」ということは、同じ愛の法制化でも、まったく同列に見ることはできないのではないでしょうか。

法律は価値中立的であることが望ましいものです。しかし、まったく価値を排した法律というのは、たぶんできないでしょう。むしろ法律の条文以上にどうそれを運用するか、そしてどう解釈するかが問われるのです。法律に問題が出てきたらそれを改善していくというのは当然のことです。国家もそうだし、政府もそうだし、法律もそうですけれども、それらは人間が生きていくための装置にすぎないのですから。

教育基本法の「個人の尊厳」、「個人の価値」も、一つの価値観を示しているではないか、と言われれば、それはそうだと言わざるをえません。

ただし、その個人主義は、すべての個人の尊重を言っているのです。それはまた、共同体や国というものを実は否定していません。個人が出発点となって国が営まれている。そこにはもちろん、家族とか、会社とか、学校とか、さまざまな中間集団があり、とりわけ家族は親密圏として、特別な意味を持っている。しかし、個人はそうしたさまざまな集団の中に幾分かは帰属しつつも、やはり一人の個人として、どの場所にあっても、その尊厳を認められる存在であるべきでしょう。

個人の尊厳を否定して、共同体の価値が優先される場合には、その個人は共同体のためのスケープゴート（犠牲の山羊）になってしまいます。共同体のための「犠牲」という構造を世界から完全に払拭することができるかどうかも大問題で、これはおそらく不可能でしょう。しかし、だからといってその犠牲の論理を法的に追認してしまうとしたら、それはとんでもない退廃です。駐車違反やスピード違反が絶えないからといって、交通法規を変えて、路上駐車を解禁し、速度制限を撤廃せよというようなものです。

さらに言えば「勤労と責任を重んじ」（第一条）という表現にも問題なしとはいえません。やはりどのような労働であり、どのような責任なのかということが問題になるでしょう。基本的には、「個人の尊厳」と「平和的な国家及び社会の形成者」という価値が、教育基本法の中心だと考えられますから、個人の尊厳を退ける、あるいは損なうような仕方での勤労や責任があってはならないのです。

勤労と責任というのは表現こそ違え教育勅語の時代にも重視された徳目です。では、教育勅語と教育基本法はどこが違うのでしょうか。教育勅語は、共同体のために、国家のために個人を犠牲にするという思想に基づいていますが、教育基本法は真っ向からそれを否定したところがポイントだと思います。

しかし、個人の尊厳といっても、ある個人が主張するあらゆる主張が認められるわけではなく、ある個人のあらゆる行為が認められるわけでもありません。当然ながら、あらゆる欲望が満たされるわけではまったくない。先にも述べたように、個人というのはあくまでも、家族、会社、学校、あるいは国、さらには国際社会といった、さまざまな集団の中で他者と関係を持っている存在です。その中で、他者の尊厳を侵すような行為は当然認められるはずがありません。

したがって、教育基本法の唱える「個人の尊厳」、「個人の価値」というものも、エゴイズムに似たものと誤解するのか、それとも、国家や共同体との関係を踏まえて、権力による価値観の強制を批判するものとして捉えるかで評価はまったく違ってくるのです。

教育基本法改正論者の中には、国家が教育権の主体であるとか、教育は国家の統治行為だという主張をする人もいます。国家としては、国民が最低限度の知識を身につけていないと統治するのもめんどうだから、教育してやるのだというわけです。主権在民なのか、国家が主権者なのか。これはまさに、近代が成立するときに問題になったことです。

教育は国家の統治行為だという人たちは近代以前に戻ろうと考えているとしか思えません。もちろん近代のなかでも揺り戻しがあり、国家主義は常に出てくるし、全体主義国家すら成立したのですが、近代社会の基本は、人民（people）が自分たちの代表を出して政府を構成し、その政府に対して勝手なことをやってはいけないと、自分たちの権利を保障させるところにあります。人々によって政府に課せられた約束、これが憲法の基本であり、近代立憲主義の基本です。

教育の憲法ともいわれる教育基本法を、国家を教育権の主体となるように改正するということは、この近代社会の基本、主権在民の原則をひっくり返すということです。戦前・戦中の国家と教育の関係、あるいは国家と個人の関係をひっくり返した教育基本法を、もう一度ひっくり返そうとしているのです。

先述の戦前の教育学者、草場弘の『教育者世を導かん』（一九三四年）という著書は、教育が国家に完全に取り込まれたときの印象的な事例です。

「午後二時半、聖上ご着拝の合図に轟く煙火に粛然襟を正す三万六千の国民教育者、殷々と鳴り響く君が代の奏楽、心から初めて大君の御前に歌う君が代の斉唱。首を垂るるわが脳裏に玉音ろうろうと冴えかえる御勅語」（原文は旧字体。以下同様）

これは一九三四年四月三日に行われた「全国小学校教員精神作興大会」の様子を描いたものです。「聖上」というのは天皇のことで、全国から三万五、六千人ともいわれる小学校教員、校長が東京に集められて、頭を下げて、昭和天皇の直々の言葉を聞いているという場面です。敗戦の玉音放送はラジオだったけれども、これは肉声です。参加者が多かったから、おそらく後ろの方にいる人には聞こえなかったと思いますが、前の方にいる人はまさに天皇の生の声を聞いていたはずです。

「国民道徳を振作し以て国運の隆昌を致すは其の淵源する所実に小学教育に在り事に其の局に当るもの夙夜《しゅくや》奮励努力せよ。

おお、何たる大御言葉、この不肖の我に、この無力な自分に、『国運隆昌の淵源はお前の肩にかかっているぞよ』と仰言らるるではないか。ハラ〳〵と頬を伝う涙をどうすることも出来ない胸が何だか熱くなって来る。

今日、今の如く自分は、はっきりと自分の職務を自覚したことがあったろうか。今日、今のように自分は『我れ国家に繫るあるを』知ったことがあったろうか。自分は今日今の如く『自分は天皇の御命によって働いているのだ』と自覚したことがあっただろうか。今日が日迄教え来った何百の児童、それは思えば皆陛下の赤子《せきし》であったのだ。その一人一人が日本国家の国運を背負っている国の柱であったのだ。自分の話し来った百千の話、訓辞、それは一言一句が一つ一つ、この国運を左右する原動力となるのであったのだ！　ああ、そこまでは思い至らなかった。今日、今、自分は自分が大臣宰相よりも、大将顕官よりも、大富豪よりも、如何に偉大な力を国運の発展に対してもっているかをはっきり摑んだ」

天皇の「玉音」（肉声）に接しているということが、この行事に集められた教師たちに、自分たちは特別だ、「国民精神」を作り出す国家的使命を帯びた国家の代理人、天皇の代理人として崇高な使命を担っているのだ、という意識を持たせたことでしょう。少なくとも、この一大イベントの目的はそこにあったはずです。

教員がここまで天皇制と国家に取り込まれてしまったという顕著な例です。これを読んでどう思うかはその人の自由なのですが、一般には「えっ、ここまでいってしまうのか」という感じではないでしょうか。

戦前ならいざ知らず、現代の日本のような民主主義国家でそのような心配は杞憂《きゆう》だと思う人もいるでしょう。しかし、日本のような民主主義国家が永遠に民主主義国家であり続ける保証はどこにもないのです。ナチスドイツの第三帝国も、後には暴力支配を行うけれども、当時世界一民主的といわれたワイマール共和国憲法下で、民主主義的に政権をとり、ヒトラーも民主主義システムの中で首相に選ばれたわけですから、民主主義が、民主主義の論理の中で、全体主義に転化することはいくらでもありうることです。あえて言えば、民主主義それ自体をも、私は理想的だとも、完璧だとも思いません。

たとえば教育基本法第一条の「心身ともに健康な国民の育成を期して行われなければならない」という「国民」からは、在日外国人が排除されているという議論もあります。「心身ともに健康な」という表現の中には、一種の優生国家を目指す考え方が含まれているのではないか。少なくとも、そうした考え方に利用される可能性があるのではないかと問われれば、私はイエスと答えます。

何が「健康な」「心」であるかは、やはり解釈によります。品行方正、絵に描いたような模範生が天皇への忠誠心を持って、国のために命を捧げる。天皇の命であれば中国や朝鮮を侵略することも辞さないということは、戦前・戦中に幾らでもあったことです。ところが、その体制からドロップアウトしたような人が、自分は戦争に反対だということだってありえたのです。むしろ当時、「非国民」とされた人々のほうが、戦争行為を嫌っていたということがあるのです。

健康増進法が施行(二〇〇三年)されてさまざまなところに影響が出ていますが、この法律では「生涯にわたって」「健康の増進に努め」るのが「国民の責務」という規定になっています。これは考えてみれば気持ちの悪いことで、「健康じゃなくてもいい」という自由を国家が否定してしまっている。同様に、現行の教育基本法の「心身ともに健康な国民の育成」という表現の中にも、そういう可能性が含まれています。だから、そこを使って、教育を介して日本を優生国家に持っていくことも不可能ではないでしょう。ただ、個人の尊厳とか個人の価値の尊重という理念とはぶつかりますから、どちらを中心にして解釈するかでこの法律の意義は変わってきます。教育基本法は全然完璧ではない。もし優生国家を正当化するような方向に持っていかれまいとすれば、条文を変えるのも一案でしょう。

## 国民主義

このように、現行の教育基本法も決して完全なものではなく、解釈によってはさまざまな疑問や問題点が浮かび上がってきます。もう一つ、重大な問題を指摘しておきましょう。

これは教育基本法だけの問題ではなく、日本国憲法にもそのような問題点が指摘されることがあるのですが、「国民」という枠組み自体の問題です。憲法で言えば基本的人権の享受者であり、また日本の主権者である者が国民という形で規定されていて、その国民はさらに国籍法により日本国籍を持っている者ということになっています。そうすると、日本社会に住みながら、それどころか日本社会に生まれ育ち、日本語を話し、日本に税金を納めながら、その権利の主体から排除され、人権の享受者から排除される人々が少なからず存在することになります。憲法については、GHQの草案では「ピープル」となっていたところを、英語で言えばネーションの訳語にほかならない「国民」と訳すことによって、本来ピープル、つまり日本社会に住む人々に保障されるべき人権を、日本国籍保持者に限る操作をしたということが指摘されています。

それに対応する形で、教育基本法にも教育の主体として、教育を自ら行う教育の権利の主体として、それは「国民」であるという前提がある。そのような国民主義的（ナショナリスティック）な前提は、大きな問題点ではないかと私は考えています。

たとえばいわゆる在日コリアンの人々、この中には日本の植民地支配の結果として日本に残った人々の二世、三世の人も多いのですが、ニューカマーの人もいる。そういう人々の子どもたちは、いわゆる民族学校といわれる朝鮮学校に通っている人もいますが、それはごく一部であって、圧倒的多数は日本の学校に通っているのです。さらにまたその圧倒的多数は、本名たる朝鮮名ではなくて、通名といわれる日本名を名乗っていることが多いという実態があります。

それ以外にも、ブラジルから日系人の二世、三世が移民労働者のような形で日本に多数来ていますし、在日中国人も少なからず存在します。そうした人々の子どもたちが、日本の学校に学ぶ。これはべつにおかしなことでもなんでもないわけです。前に触れましたように、私の子どもはフランスで一年半ほど、フランスの小学校に通ったのですが、子どもをその小学校に連れていき、彼女が付け焼き刃的なフランス語で挨拶したところ、校長先生が大変喜んで、すぐに入学を認めてくれたということがありました。

第一条の「教育の目的」のところに、初めて「国民」という言葉が出てきます。

「教育は、人格の完成をめざし、平和的な国家及び社会の形成者として、真理と正義を愛し、個人の価値をたっとび、勤労と責任を重んじ、自主的精神に充《み》ちた心身ともに健康な国民の育成を期して行われなければならない」

ここでうたわれている「人格の完成をめざ」すということは、日本国籍保持者であろうと非保持者であろうと関係がありません。「真理と正義を愛し」も国籍に関係がないし、「個人の価値をたっとび」も、もちろん関係がありません。一人ひとり個人ですから、国籍は関係ない。「勤労と責任を重んじ」も関係ない。

「平和的な国家」というところに国家が出てきますから、国家の主権者でない国籍非保持者は排除されるように見えますが、ここは同時に「平和的な国家及び社会の形成者」ともなっているところです。国家だけを言うのではなく、「及び社会の形成者」ということで、国家と市民社会を区別しているのです。そうすると、いわゆる国民でなくても社会の形成者であることは間違いないわけですし、ましてや税金まで払っている人たちに対して、この教育基本法が適用されないはずはない。

ところが「自主的精神に充ちた心身ともに健康な国民の育成を期して行われなければならない」というところになると、明確に「国民」という規定があります。日本国憲法には「国民たる要件は、法律（注：国籍法）でこれを定める」（第十条）という国民の定義がありますから、日本国籍を保持していなければ国民とは言えないわけです。そうすると、教育基本法に基づく日本の公教育から非・国民は排除される。国民ではないけれども、日本社会に住んでいる、あるいは生まれ育って日本語を話し、日本社会にとけ込んで税金を払っている人々の子どもすら排除されるということになりかねません。

「国民」という言葉は、第三条「教育の機会均等」にも出てきます。

すべて国民は、ひとしく、その能力に応ずる教育を受ける機会を与えられなければならないものであって、人種、信条、性別、社会的身分、経済的地位又は門地によって、教育上差別されない。

あるいは第四条「義務教育」には、「国民は、その保護する子女に、九年の普通教育を受けさせる義務を負う」とあります。

第八条「良識ある公民たるに必要な政治的教養」では、国民ではなく「公民」となっています。それに対して第十条「教育行政」のところでは、再び「国民」という言葉が出てきて、「教育は、不当な支配に服することなく、国民全体に対し直接に責任を負って行われるべきものである」とありますから、「国民」という概念が教育基本法の中心にあることは否定できない事実なのです。

このことによって、国民以外の人で日本の学校に通っている人が具体的にどのような差別を受けているかが問題ですが、これまで論じてきたことから言えば、国旗・国歌の強制は、こういう人々にとって大きな問題になります。

特に在日コリアンの人々の場合には、民族的なアイデンティティの一つとして、日本の植民地支配を受けて、そこから解放されたという歴史的記憶がありますから、日の丸・君が代を強制されるときに、口には出せなくても屈辱の思いを感じている人がいることは間違いありません。

## 阪神教育闘争

戦後、日本社会のなかでは忘れ去られてきたし、むしろ意図的に語られなかった結果として忘れられてしまったのかもしれませんが、在日朝鮮人の人々の中では、自分たちの歴史の重要な出来事として語り継がれてきたことがあります。一九四七年、教育基本法が制定された年に始まった、阪神教育闘争と在日の人たちが呼んできた事件です。

日本の敗戦によって解放された朝鮮人で、当時日本のいわゆる内地にいた人々の多くは故郷に帰りました。このときに二百万人近くの人々が朝鮮半島に帰ったとされますが、一方、約六十万人はそのときにさまざまな事情から日本にとどまりました。しかし、日本にとどまったけれども、次の世代に民族的なアイデンティティを保障しようと考えて、当時は朝鮮人学校といわれた民族学校を日本各地に続々とつくります。全国で六百前後に及ぶ朝鮮人学校がつくられたといわれています。そこでは植民地支配下で、つまり日本帝国時代に軽視され、場合によっては無視されていた朝鮮語や朝鮮の歴史や朝鮮の地理を教えるという教育が大きな解放感をともなって開始されたのです。

この朝鮮人学校は、在日の人々にとっては民族的アイデンティティの核心にあるものです。つまり自分たちが朝鮮人であることは、二世、三世にはこの学校における民族教育を通じてしか継承できないと考えられたので、民族的アイデンティティの中心的な存在でした。

ところが朝鮮人学校に対して、一九四七年十月十三日、GHQは、朝鮮語教育を特例として認めるほかは、日本の文部省に従え、という通告を出しました。そして翌年、一九四八年一月二十四日、文部省の学校教育局から「朝鮮人学校設立の取り扱いについて」という通達が出されます。その通達で、朝鮮人学校は教育基本法と学校教育法に従わないので認められないとされたのです。通達関連の資料によると、教育基本法第六条「法律に定める学校は、公の性質をもつものであって、国又は地方公共団体の外、法律に定める法人のみが、これを設置することができる」で定められている学校の条件、あるいは第八条②「法律に定める学校は、特定の政党を支持し、又はこれに反対するための政治教育その他政治的活動をしてはならない」による特定の政治的活動の禁止ということが問題になったと考えられます。要するに、朝鮮人学校が教育基本法と学校教育法に服するのでなければ、朝鮮人の子どもたちは日本の学校に入れなければならないというのです。このように教育基本法が引き合いに出される形で、朝鮮人学校は認められないと言われたのです。

やがて「朝鮮人学校閉鎖令」が出されて、それに反発する在日朝鮮人との間に熾烈《しれつ》な対立が起こります。ほかの地方でもありましたが、とりわけ大阪、神戸などでは日本の武装警察が出動して、反対派に対する弾圧が行われました。とくに大阪では、弾圧に対する抗議行動に参加していた在日朝鮮人の金太一《キムテイル》という少年が警官の発砲で殺害されるという悲劇が起きたのです。このときには、兵庫県に非常事態宣言が出されています。これは戦後日本で、事実上の戒厳令がしかれた唯一のケースです。

これは明らかに朝鮮人学校を、国民主義から弾圧した事件だったと言えるでしょう。このあと、民族教育をなんとしても行いたいという在日の人々の熱意に基づく抗議が繰り返されて、少しずつ朝鮮人学校が認められていくわけですが、朝鮮学校に対する教育制度上の差別は、つい最近もまたあらわになりました。

## 現在も続く差別

二〇〇三年、民族学校卒業者の国立大学受験資格問題が表面化しました。これを通して現在の日本、とりわけ日本政府において朝鮮学校に対する差別がいかに根深いものであるかということが、もう一度明らかになったのです。

外国人学校には、朝鮮学校だけでなく、中華学院や韓国学院など、中国や韓国、台湾系の民族学校、あるいは欧米系のインターナショナル・スクールがあります。そして、そうした学校の卒業生に対して、国立大学の受験資格が自動的には与えられない状況が長年続いていました。この問題については、政治の世界でも、国際化の趨勢に反する、あるいは移民労働者をこれから受け入れていかなければならないから、変えなければならないという議論が強まっていたのです。とくに、朝鮮学校卒業生に対する差別については、国連の人権委員会などに問題が持ち込まれ、国連の自由権規約委員会などいくつかの国際機関から、「民族差別にあたるので、直ちに改善すべきだ」という勧告が日本政府に対して何度か出されてきていました。

そのような流れのなかで、二〇〇三年の春に文科省が民族学校卒業者に対する国立大学の受験資格を付与するのではないかという観測も流れていました。ところが出てきたのは、欧米系のインターナショナル・スクール卒業生に対しては国立大学受験資格を新たに認めるけれども、アジア系の民族学校についてはそれを認めないという方針だったのです。欧米系のインターナショナル・スクールにはようやく認めたのだから、その分だけ前進だとは言えますが、あらためてアジア系の民族学校に対する差別があることを確認する結果になりました。アジア系民族学校の圧倒的多数は朝鮮学校ですから、これは朝鮮学校差別であろうということで、在日の人々はもちろん、日本の国立大学関係者その他からも批判が起こりました。

その批判に対して、文科省は新たな方針を二〇〇三年夏に出しました。そこでは、アジア系の民族学校卒業生の国立大学受験資格を最終的には認めたのです。ところがそのなかで、朝鮮学校だけは本国との関係が公的に確認できないという理由で、その受験資格をどう認定するかは、各大学に委ねるという結論になったのです。

結果的には、ほとんどの国立大学は二〇〇三年の間に、朝鮮学校卒業者についても受験資格を個別に認定する方向に踏み出しました。とはいえ、まだ朝鮮学校卒業生は自動的に認めるという形になっていません。卒業生一人ひとりが申請を出して、それを個別に審査して認めるという形です。いったん個別に認められれば、同じ学校の卒業生は次の年から自動的に認めるべきではないかという議論がありますが、結果としては、政府・文部科学省は朝鮮学校だけを残しました。ほかのアジア系の民族学校では、卒業生は全部自動的に認められることになったのに、朝鮮学校だけは認められないことにしてしまったのです。

この背後には、北朝鮮との関係で強硬論をとる自民党の政治家などの動きがあったといわれていますが、今日まで朝鮮学校に対する差別的な扱いが残っていたことがここにもあらわれていると思います。

その意味では、教育基本法の改正をもし行うとすれば、民族教育の権利を保障した子どもの権利条約などの国際スタンダードに沿った条項を入れる改正をする、そのことこそ必要ではないか。

いまの教育基本法でも、最初に強調した「個人の尊厳」や「個人の価値」の尊重が大前提だとしたら、「国民」という枠を超えて日本の学校に学ぶすべての個人に差別なくその尊厳が認められるべきだ、権利が保障されるべきだと言えるはずです。すなわち、教育基本法の中にある個人の尊厳という原理を使って国民主義の枠を突破していく、超えていくことができるはずですが、そのような国民主義の限界をいまの教育基本法が持っていることはあらためて問題化すべきでしょう。

## 教育行政を支配するもの

もっとラディカルな議論をすると、こういう考え方もできます。

教育基本法は日本国憲法の理想を実現するためとして定められた。教育基本法には天皇のことは一切出てこないけれども、憲法・教育基本法が一体となって戦後民主主義は成り立っており、日本国憲法の第一章第一条から八条までが象徴天皇制を規定している以上、憲法・教育基本法体制というもの全体を、象徴天皇制の枠内にあるものとして問題化すべきではないか、というものです。

つまり憲法・教育基本法体制が全体として象徴天皇制の枠内にとどまるとしたら、日本の戦後民主主義をラディカルに徹底する立場からは、教育基本法自体を問題化すべきという主張もありうるわけです。少なくともそのような解釈が可能だとすれば、民主主義という観点から見たときに、教育基本法を理想的だとか完璧だとか考えることはできないでしょう。

しかし、批判することは必要だと思いますが、だからといって直ちに教育基本法を廃棄すべきだという議論になると、それにはついていけません。教育基本法は本来自由であるべき教育に対して国家が目的を法律によって定めるものだから、教育の自由を解放するためには廃止すべきだという議論もありうるでしょう。それが可能ならば、それはベストというべきかベターというべきか、基本的によいことだと思います。しかし、教育基本法を廃止して自由な教育が実現されるためにはさまざまな条件が必要であることも確かです。

少なくとも現在、文部科学省を頂点として末端の教育委員会に至るまで日の丸・君が代の強制をはじめとして、国家主義的な教育行政システムが存在している以上、教育基本法だけを廃止して、そうした教育行政システムをそのままにしておいたのでは民主主義的な教育が実現されるはずはありません。同時に教育行政システムも廃止するなら別ですが、教育基本法は、現在の歴史的な状況のなかでどのような有効性を持っているか、どのような意味を持っているかという観点に即してこそ、評価されるものでしょう。

そういう観点からすると、与党の改正案中間報告の中で最も驚くべきことは、現行の第十条の改正案です。改めて現行法を書き出します。

教育は、不当な支配に服することなく、国民全体に対し直接に責任を負って行われるべきものである。

② 教育行政は、この自覚のもとに、教育の目的を遂行するに必要な諸条件の整備確立を目標として行われなければならない。

この条文の細かい解釈はさまざまありますが、普通の人が読んで誰もがわかることは、これは明らかに教育行政が教育に対して不当な支配を及ぼすことを禁じている、ということでしょう。なぜなら、戦前・戦中がそうだったわけですから。教育行政、すなわち文部省、すなわち政府・国家によって教育が完全に支配されていた、教育基本法はそれを否定する意味で、教育行政が教育（現場）を不当に支配してはならないとここで定めている。いいかえれば、教育は国民全体に対して直接に責任を負って行われるべきものである。つまり国家に対して、行政に対して、「お上」に対して責任を負うのではなく、直接に「国民」に対して、「子ども」に対して、またその背後にいる「市民」に対して、教育が責任を負っているのだということをここで規定しているのです。

ところが中間報告の改正案では、こうなっています。

「教育行政は、不当な支配に服することなく、国・地方公共団体の相互の役割分担と連携協力の下に行われること」

「不当な支配に服することなく」という表現はまったく同じですが、主語が完全に転倒されています。つまりここでは教育行政、すなわち現在の文部科学省を頂点とし、各自治体の教育委員会を経由して学校現場に作用する行政権力が、何ものかによって不当に支配されるおそれがあるが、そうなってはならない、というのです。支配とは通常、権力作用について使われる言葉です。ここでは教育行政権力を何ものかが不当に支配するおそれがあるというのですが、これはなんとも不可解なことです。

いったい何が、あるいは誰が、教育行政を不当に支配するおそれがあるというのでしょうか。かつて日教組が絶大な力を持った時代があるという話がありますが、少なくとも日教組が文部省を支配するような権力を持ったことなどありえないことです。もしもこの案のように現行法を変えるのであれば、教育行政権力は全能であることになります。行政は神聖にして侵すべからず、といっているのに等しいわけですから、全能の教育行政に対して何ものかがこれを動かそうとすると、それは「不当な支配」だといってすべて斥けられてしまう可能性があります。

日本国憲法によれば、「国民」が主権者です。ですから「国民」が教育行政を支配するのであれば当然のことですが、「教育行政は、不当な支配に服することなく」となってしまえば、国民ですら教育行政に口出ししてはならないということになりかねないのです。市民や国民が教育行政に対して要請を出したり、要求を出したりすること自体が「不当な支配」だとして斥けられてしまうおそれがある。それを正当化しかねない改正案の中間報告になっています。

与党中間報告では、「教育行政は、不当な支配に服することなく」については、「さらに検討を要する」というただし書きがついています。したがって最終的にどうなるかは分からないのですが、しかしこの発想が与党の改正案の発想であることは明らかになりました。教育行政に対して、行政権力に対して、その他のものによって教育行政が「ゆがめられる」ことをすべて拒否しています。教育と国家の関係そのものが、教育基本法改正によってひっくり返されようとしている。教育の行政権力、国家権力からの自由どころか、いまや行政権力、国家権力が教育に全能の支配者として君臨しようとしているわけです。

## 国家の権力作用を自覚する

国家を認め、国家の成員を国民と呼ぶならば、国民のいない国家はありえないでしょう。国家の三つの条件というのは、領土と国民と統治権です。国家がある以上国民があるというのは、そのとおりです。そこに、国民国家論あるいは国民国家批判論の、必ずしも論点がはっきりしない面もあります。

私が国民主義を批判する立場は、国家によって国民と非・国民の間に引かれる境界線の、社会における、あるいは複数の社会間での暴力性というものについて、常に自覚的である必要があるというものです。その暴力性を可能な限り縮減していくことが、政治においても求められるべきなのです。現実に日本の国を考えたとき、日本の社会の中に国民と国民でない人が共存しています。今日のグローバル化の時代、おそらくどこの国に行っても大なり小なりそうなっているでしょう。

かつては国家の廃絶を主張するアナーキズムが少なからぬ人々を魅きつけました。今ではそういうことを言う人はあまりいなくなってしまいましたが、国家というものは、歴史上考えられ存在してきた共同体の中でも最も強力な権力装置であり、軍隊という最も強力な暴力装置をも常に備えているという事実を、もっと警戒感をもってとらえる必要があります。現実に国家が存在し、私自身もその成員の一人であることからすると、それを直ちに廃絶するとか、百パーセント否定して生きることは不可能です。しかし、そういうなかで国家の権力装置としての存在や暴力装置を備えている側面について、可能な限り自覚的かつ批判的であり続けることは何の矛盾でもありません。

国家が権力装置であることについては誰も否定できないでしょう。立法権、行政権、司法権それぞれで決定されたことは実力をもって実施されます。それに対して多くの人が従うのは、権力作用を認めているからです。しかし、そのような権力作用は強制力をともなうので、暴力的に実行される場面もあります。そしてその暴力性に対しては、徹底的に批判的であるべきですが、では、いかなる権力もなき社会というものが現実に実現できるかといえば、それは困難だろうと思います。

集団生活、すなわち、多くの人々が共同体を構成して、共同体における生活を続けているときに、権力をまったく廃絶するということは、それができれば理想的な社会といえるのかもしれませんが、そのようなユートピアが実現するかどうかについては懐疑的にならざるをえません。権力作用を完全に廃絶することは一種の夢にとどまるのではないでしょうか。

夢だから、非現実的だから無意味だというのではありません。確かに夢は夢でしかないかもしれませんが、しかし、権力なき社会を夢見る権利、夢見る可能性は残しておきたい。夢みる能力すら失ってしまえば、権力作用に対する批判の動機はどこからも出てきません。むしろ夢であることを承知のうえで、あえて夢を見る、そういうことも必要ではないでしょうか。

## 学校教育と権力

教育と権力の関係については、学校教育そのものの問題という面があります。

古代におけるプラトンのアカデメイアや、アリストテレスのリュケイオン、あるいは日本近世の寺子屋や藩校など、古今東西にさまざまな形態の学校が存在しました。しかし、近代の学校教育は、日本の場合、国家が富国強兵のために国民の教育程度を上げる目的で、一八七二年（明治五年）に学制が制定されたことにはじまります。つまり学校は、あくまで国家のための教育機関であり、公教育は国策の一環だったのです。すべての子どもを一定の空間、学校という建物の中に収容し、そこで知識や道徳を教師の権威をもって教え込むというシステム、それによって子どもたちが、健全なる国民や忠良なる帝国臣民になっていく。それが日本の学校教育の原型でした。

何よりもやはり学校という空間の中にすべての子どもたちを収容して、そこで教員が一定の権威をもって知識や道徳を教えることが、戦後の学校にも期待されてきたことは事実です。

しかし、その形態そのものが現代社会に果たしてふさわしいものであるかどうかは、ここでは詳しく議論することはできませんが、実はきわめて大きな問題です。第一章で少し触れた子どもたちの環境の変化、特にメディア環境が激変しているので、学校の意義とか、学校の地位そのものが、かつてとはおよそ異なってきているということがあります。

現在、公教育の学校とは別の、フリースクールのような教育機関が増えています。そうした試みがさらに増えていってもおかしくないし、フリースクールは、すべての子どもたちを収容する「学校」という形ではなくて、さまざまな形態を取りうるわけです。そうなっていけば、まさに教育の自由に近づいていくだろうと思います。ただ、たとえそうなったとしても、それが教育である以上は、教える者と教えられる者との権力関係はどこかに残るのではないでしょうか。

## 教育と権力作用

教育がいかに国家権力から自由になったとしても、教育、つまり教える者と教えられる者が存在したときに、そこに権力作用は生じないのかと言われれば、これも権力作用は不可避的に生じるのではないか、と答えるほかはありません。とりわけ学校という場所をつくれば、権力作用なしに学校を運営するのは困難でしょう。

民主主義と権力作用とは、実は決して相反するものではなくて、民主主義を機能させるためにも権力作用が必要です。少数派は尊重されなければなりませんが、多数決で決まったことを実行するということのなかには、常に権力作用があります。そもそも「民主主義」自体、デモクラシーの「クラシー」は権力のことですから、デモスの権力、人々(ピープル)の権力、これが民主主義なのです。民主主義そのものが、完璧なものでも理想的なものでもありません。現状では最もベターな統治機構であろうというだけなのです。いかに民主主義的な教育現場、あるいは学校現場であっても、権力作用がまったくなくなることは想像しにくい。それでも、やはりそれは夢みられるべきものではないかと思います。そうでないと、教育現場で働く権力に対して、オールタナティブを構想すること自体が動機づけを失ってしまいます。

教育基本法は、戦前・戦中の国家主義的な教育に対するアンチテーゼとしてつくられたもので、理想的にはこれはなくてもよいと私は思っています。教育の自由の全面的な解放という観点からすれば、教育基本法などないほうがよいという議論もできることは否定しません。それぞれの学校、それぞれの教員と子どもたちの間に、教育行為が成り立っていけばそれでいいのです。

ただ、その場合ですら、教育の自由といっても、教員と子どもたちの間には、権力作用という側面が生じるでしょう。教育の場合に限らず、人間社会のさまざまな人間関係において、権力作用というものをまったくなくすのは非常に困難なことなので、そういう「原権力作用」のようなものは、教育の場面からも完全には排除できないという考え方もありうるでしょう。

教える者と教えられる者の関係は、もちろん人と人との関係であるわけで、その役割は逆になることだってありうるわけだし、教える者が教えられる者から結果的に教えられている部分も生じてきます。お互いの関係の中で、教える者が自らの権力作用を自己反省しつつ、教育という場面をつくり出していくことが可能ですし、それが理想だと思うのです。

しかし、教育を「統治行為」という形で国家の作用と定義し直し、教育という場そのものに対して、国家権力が不当な支配、あるいは介入をすること、それが今、行われている「教育改革」あるいは教育基本法改正論だと考えるなら、現在の教育基本法はまだまだ必要でしょう。

教育基本法という権力作用は、国家権力の介入に対して教育の自由を可能な限り保障するための有力な手段でありうると思います。とりわけ国家主義的な教育へと向かう流れが再び強まってきた現在、教育基本法はむしろ教育の自由を保障する砦になりうる、というのが私の考えです。

## 歴史教科書問題

これまで見てきたような視点から、歴史教科書問題についても考えるべきポイントがあります。ここで言う歴史教科書問題とは、二〇〇一年の春に扶桑社版の歴史教科書が文科省の教科書検定に合格し、学校でも採択されるかどうかをめぐって、韓国などとの間で外交問題にすらなった大きな問題のことです。

今回の歴史教科書問題の発端は、一九九五年、藤岡信勝東京大学教授（当時）によって自由主義史観研究会が立ち上げられたことにある、といっていいでしょう。藤岡氏はそこを拠点として、戦後日本の歴史教育は、自国の過去の歴史の負の側面を強調するだけの「自虐史観」であって、克服されるべきものだ、という批判を展開しました。自由主義史観研究会の主張は世論のうちに一定の共鳴板を見出し、「自虐史観」という言葉も一時は流行語のようになりました。

一九九七年には、「新しい歴史教科書をつくる会」（以下、「つくる会」と略記）が発足。現行の歴史教科書から過去の日本軍の戦争犯罪、とりわけ南京大虐殺、「従軍慰安婦」問題についての記述を削除すべきだと訴えて、マスメディアを利用して大がかりなキャンペーンを行いました。そして彼らは、現行の教科書の記述を批判するだけでなく、自ら「国家の正史」と言えるような歴史教科書をつくることを目指し、その結果、扶桑社版歴史教科書が登場したのです。

扶桑社版歴史教科書の最大の問題点は、それが「国家の正史」を目指しているために、自国および自国民中心の歴史観によって貫かれていて、とくに近現代史の部分では、過去の日本の侵略戦争や植民地支配を正当化する強い傾向があることです。その他にも、天皇が史上一貫して日本の象徴であったかのような記述であるとか、民衆史を軽視して権力者の歴史を中心にしていることであるとか、あるいは男性中心的な物語が随所に収録されていることなど、現代思想の観点からみると多くの問題点を指摘することができます。のみならず、扶桑社版歴史教科書には文科省の教科書検定によっても実に多くの歴史叙述上の問題点が指摘され、大幅な修正を余儀なくされた上で、ようやく検定に合格したといういわくつきのものです。

日本の過去の侵略戦争を正当化するような教科書が、検定に合格しただけではなく、中学校でも採択されるかもしれないという事態に直面して、日本国内はもとより、韓国や中国の政府や市民からも強い反発が寄せられました。このように国内・国外からの強い反発があったために、二〇〇一年の教科書採択では、扶桑社版の教科書はごくわずかの学校でしか採択されませんでした。

これ以後も「つくる会」は採択推進運動を継続し、実際にこの教科書を採択した学校もいくつかあります。二〇〇四年には東京都で都立白鷗高校を新たに中高一貫校として設立するに際して、東京都教育委員会が扶桑社版歴史教科書の採択を決定しました。「つくる会」は二〇〇五年度以降も教科書採択に向けてなお運動を続けています。

この歴史教科書問題について本格的に議論するためには、近現代史に関する歴史認識についての立ち入った考察が必要ですが、それについては私の別著（『歴史／修正主義』岩波書店、『〈歴史認識〉論争』作品社など）を参照願うこととして、本書では、国民主義と権力との関係という戦後教育のアポリアがこの問題にも関わっていることを、以下に指摘しておくことにします。

## 歴史は一国のみの問題ではありえない

歴史教科書をめぐる問題を考える際に、自国民中心的な歴史観はいずれ克服されなければならないものだということが、前提としてあります。国際関係がこれだけ緊密になった現在、とりわけ隣国である韓国や中国との間で近過去において行われた戦争や植民地支配といった、痛ましい過去に関わる歴史については、自国中心の記述はもはや成り立ちません。

歴史は、一国の歴史のうちには収まりきらないものです。ある国が他国との関係に配慮せず、自国の歴史を全面的に正当化するような教科書をつくったとしたら、それがどこの国であろうと問題です。

実際、中国と韓国との間には、「高句麗」問題があります。高句麗は、紀元前後から六六八年まで朝鮮半島北半分と現在の中国の遼東地方を領有した古代国家ですが、近年中国でこの高句麗を中国の地方政権の一つとみなす動きがあります。これに対して韓国は、歴史の歪曲であるとして抗議を行いました。中国側は韓国の主張をすべて受け入れたわけではありませんが、中国の歴史教科書で高句麗について中国の地方政権の一つとする記述はしないことを確認したと伝えられています。

同様に、日本の戦争や植民地支配の歴史という問題もまた、日本一国のみの問題ではありえません。日本国が日本の公教育において戦争や植民地支配を正当化するような教科書を使用させ、多くの日本国民が過去の歴史を正当化するような認識をもつようなことになれば、侵略や植民地支配を被った周辺諸国の人々にとって無視することができないのはむしろ自然なことだと言わなければなりません。この種の問題については、国内問題と国際問題の完全な線引きは困難で、したがって隣国の反応について、それは「内政干渉」だというような議論も単純には成り立ちません。

敗戦後、ドイツ連邦共和国は、歴史教育における自国民中心的な歴史観の克服に取り組んできました。ドイツにしても戦後すぐにその課題に取り組めたわけではありませんが、第二次世界大戦においてあれだけの侵略や大虐殺を行った国が、ヨーロッパの中で近隣諸国と善隣関係を築き直して復興するためには、自らの過去について率直に責任を認めることがまずなされなければなりませんでした。その結果、教育の面ではフランス、ポーランドといった隣国と互いの歴史教科書の内容について専門家のグループが検討し、お互いの歴史認識の齟齬《そご》を縮める努力を積み重ねてきました。ドイツはある時期から基本的に、ナチス時代の国策は誤っていたという認識に立ち、政権交代があったとしてもその立場は崩さずに今日に至っていますが、それでも周辺諸国との歴史認識のギャップは生じうるので、常に、対話を続ける態度を維持しています。それぞれの国家・国民の歴史は、いずれにせよ自国中心的になるのだから歴史認識の共有などありえない、と断定してしまうのは、現実にヨーロッパにおいてなされているこうした努力を鑑《かんが》みれば、すでに時代遅れなのです。

日本の場合も、日本が起こした戦争によって被害を被った東アジアの周辺諸国と、可能な限り歴史認識を共有する努力をすべきだし、また、日本国内に居住し日本の公教育を受ける外国人にも開かれた歴史教育を追求すべきでしょう。その際、「国家」、「国民」が大文字の主語になっているような公教育のあり方では、どうしても自国中心的な歴史教育になってしまいます。現行の教育基本法の国民主義的な規定は、この点から言っても見直されるべきものです。

### 教科書検定と学習指導要領

戦後日本の教育においては、教育基本法第十条の「教育は、不当な支配に服することなく、国民全体に対し直接に責任を負って行われるべきものである」という規定と結びついて、教育に対する教育行政の不当な介入を斥けようという教育運動がありました。なかでもとくに家永教科書裁判は有名でしょう。

家永教科書裁判は、日本軍の戦争犯罪について比較的詳しい記述のあった家永三郎（一九一三―二〇〇二、歴史学者）の執筆になる高校用日本史教科書が、文部省（当時）の教科書検定によって、不合格になったり、あるいは数百項目もの修正や削除の要求をつけられたりしたことに対して、家永氏がこれを不当であるとして一九六五年に提訴、以後、一九九七年の第三次訴訟判決まで、三十二年にわたって続いた裁判のことです。この裁判では、検定制度そのものは不当ではないが、実際に行われた検定については過剰であったという判断が示されました。

この家永裁判に象徴されるように、行政権力が教育に介入するあり方の一つとして、教育の自由という観点から教科書検定制度が批判の対象になってきました。ところが、扶桑社版教科書の問題については、これとは逆のベクトルで議論がなされました。扶桑社版教科書の内容に反対する人々は、家永裁判では教科書検定制度を批判する側にいた人々が多かったのですが、その人たちが扶桑社版教科書については教科書検定制度によって斥けるべきだと明言はしないまでも、それを期待するムードがあったのは事実です。これは、国家主義の教科書を排除するために国家の権力作用に期待したことになり、ここに矛盾を感じる人もいるでしょう。これも戦後教育のアポリアの一つです。

家永裁判の過程では、教育の自由、民主主義、国家主義批判という観点から、教科書検定制度を廃止すべきだという声が高まりました。しかし、もし教科書検定制度を全廃したら、扶桑社版教科書よりもさらに自国中心的な歴史教科書が各地で採択される結果を招き、教育の自由を求める人々の期待するところとはまったく逆の結果になってしまうことも、可能性としてはありうることです。

こうしたことを考えあわせると、教育内容についても一定の基準が権力によって定められる必要があるのではないか、という議論が出てくるのは自然な成り行きです。この問題構造は教科書検定制度のみならず、学習指導要領についても見出されます。歴史認識の問題は別として、たとえば、近年、生徒・学生の学力低下がいわれた算数・数学、国語、理科などの教科は、文科省の作成する学習指導要領によってナショナル・ミニマムが定められています。学習指導要領は、国旗・国歌法が成立する前から日の丸・君が代を国旗・国歌として扱うように求めていたし、現行の教育基本法にはない愛国心教育も、すでに教育の目的として規定して現場に強制しているという点から、これは行政による教育への不当な介入に当たるとして撤廃すべきだという意見もありますが、はたして学習指導要領を廃止して、子どもたちに平等な教育を保障できるのか、という問題があります。

もしも、学習指導要領が撤廃されたとしたら、各学校の教員が独自にカリキュラムなり教材なり、教育内容をすべて自分の責任において作成しなければならないことになります。そうなった場合に、現実の教員がどこまでその任に堪えられるかという皮肉な見方もあります。もちろん、教育の自由という観点からすれば、国民ないし市民が自分たちの子どもたちに教える内容を自ら決めることができなければならないし、現に教員が自らカリキュラムや教材を開発して、優れた教育活動を行ってきた例も知られてはいます。しかし、教員の労働条件や教員養成のあり方、また自治体の財政などの事情から、学習指導要領に依存せざるをえないケースもままあり、その結果、現場の教員がカリキュラムを作成することはなかなかできそうもないだろうという観測は、ある程度の現実性をもっています。ここには教育という営みそのものの権力作用という以前に、行政権力は公教育に関わるべきで、それなしには教育水準を保つことができない、という議論が出てくる余地があるのです。

私自身の考えでは、市民社会が自らを教育する教育の権利、教育の自由が実現されるのが理想ですが、その成否は最終的には市民社会の力にかかっています。歴史教科書問題においても、自国の過去の問題点を正当化する教科書が検定に合格しても、市民の声によって学校での採択が阻まれるような、成熟した市民社会となっているかどうか、ということです。

本章では、現行の教育基本法について国民主義などのいくつかの限界を指摘してきましたが、民主主義というものがその教育理念の基本的な考え方だとすれば、そこに教育基本法自体が自らの限界を乗り越える契機があります。民主主義には定まった形式も、唯一絶対の理想像もありませんが、その核心にあるのは市民社会の自己決定です。最後には常に、市民社会そのものが権力をコントロールできるかどうかが問われるのです。教育と国家の関係についても同じです。いわば、教科書検定も、学習指導要領も必要としないような市民社会の成熟が望まれるのです。

# あとがき

学校教育の現場が「窒息しそうになっている」という、悲鳴にも似た声を直接聞くようになったのは、いつごろからだったろう。

学校の問題は、誰もが子どものころ当事者だったことがあり、人の子の親ともなれば再び当事者になる。そのせいか、一般に社会的関心の高いテーマである。新聞、テレビ、雑誌などを通じて、子どもたちや教員がいま学校でどんな状況に置かれているのか、その一端には私も触れていたつもりであった。

しかし、現在の学校現場の困難が、本当に他人事でなく実感できるようになったのは、ごく最近のことである。自分の子どもが学齢期を通過し、また自分自身が大学の教員として、いま日本で進められている「教育改革」なるものの渦中に巻き込まれることになって初めて、さすがに鈍感な私も、事態の深刻さにしばし呆然とすることが多くなった。

教育基本法の改正をめぐって全国各地で行われている集会や学習会に参加すると、この問題が、子どもたち、教員、社会教育関係者など、当事者それぞれの「生きる意味」にも関わるような深い次元で問われていること、また問われなければならないことが、よく分かってくる。しかも教育の問題は、実は学校関係者、当事者だけの問題ではない。子どもたちがどのような教育を受けるかは、将来のこの国と社会の行方を左右する高度に公共的(パブリック)な問題である。こうして私は、教育学の専門家ではないけれども、哲学者として、また一人の市民として、この問題をじっくり考えてみたいと思うようになったのである。

英語で「学校」を意味するスクール(school)という語の語源は、ラテン語のスコラ(schola)を介し、ギリシャ語のスコレー(skholē)に遡る。「学者」を意味するスカラー(scholar)もそうだ。ギリシャ語のスコレーは、余暇、余裕、ゆとりを意味する。古代ギリシャで哲学が生まれ、プラトンのアカデメイア(「アカデミー」の語源)や、アリストテレスのリュケイオン(フランスの高等学校「リセ」の語源)で教授されて、今日まで続く近代科学の源になったのは、都市国家アテーナイの市民に生活の余裕が生まれ、世界と人間に対する知的好奇心をゆっくりと、自由に解放できるようになったからだった。

学校だけが教育の場ではない。しかし、今日の日本で今なお次の世代の教育の中心的役割を担っている学校は、その本来の役割にふさわしい場であってほしい。学校は、子どもたちが、そして若者が、教員の助けを得て、自分の頭でものを考え、自分の全身で世界を感じ、他者と交流する仕方を学んでいく、そのような場であってほしい。そのために必要なのは、何といってもまず第一に、スコレー、つまり精神的な余裕、ゆとりであり、それを保障する物理的な余裕、ゆとり、とりわけ時間であろう。

日本では、「ゆとり教育」が話題になったばかりで、さっそくまた軌道修正が図られようとしている。しかし、学校教育の現場では、子どもも教員もますます「ゆとり」を奪われ、疲弊し、窒息し、悲鳴を上げているのが実態である。大学もまた例外ではなくなりつつある。こうした現実をもたらしているのは、本書でも論じたように、すべての当事者を競争へ競争へと駆り立てていく競争主義と、国旗・国歌の強制に従わない者を有無を言わせず処分し、「転向」を強要するような教育行政のこわばった管理主義である。その背後には、「強者の論理」を「国家戦略」として採用した国家の意思と、それを貫徹するための新国家主義による、「市民のための教育」から「国家のための教育」へのクーデター的価値転換がある。

本書のささやかな考察が、教育の危機を憂え、教育と国家の関係を再考してみようとする読者の皆さんに、少しでも参考になれば幸いである。

本書の内容は、インタビュアーの坂本信弘さんを相手に、私が語り下ろしたものである。坂本さんは拙著『反・哲学入門』(現代書館)のときから対話の相手を務めてくださっていて、私の問題意識や論の進め方をよく理解してくださっている。今回も、構想を練る段階から参加していただき、テープ起こしや一次稿の整理など、大いに助けていただいた。心から感謝を捧げたい。

本書の企画から完成まで、すべてにわたってお世話をいただいたのは、講談社現代新書出版部長の上田哲之さんである。とりわけ、教育基本法から「教育と国家」へとテーマを広げ、私の問題意識を思い切って展開することができたのは、ひとえに上田さんの深い理解と適切なアドバイスがあったおかげである。現代新書出版部の青山遊さんには、加筆・修正や校正の段階で、拙稿の完成に向けて細やかな御配慮をいただいた。最後になったが、お二人にも心から御礼申し上げたい。

高橋哲哉

二〇〇四年九月十七日

講談社現代新書　1742

# 教《きょう》育《いく》と国《こっ》家《か》

二〇〇四年一〇月二〇日第一刷発行　二〇〇六年九月二一日第八刷発行

著　者　高橋《たかはし》哲哉《てつや》


発行者　野間佐和子
発行所　株式会社講談社
東京都文京区音羽二丁目一二―二一　郵便番号一一二―八〇〇一
電　話　出版部　〇三―五三九五―三五二一
販売部　〇三―五三九五―五八一七
業務部　〇三―五三九五―三六一五
装幀者　中島英樹
印刷所　凸版印刷株式会社
製本所　株式会社大進堂
定価はカバーに表示してあります　Printed in Japan



N.D.C.373　212p　18cm
ISBN4-06-149742-1

# 「講談社現代新書」の刊行にあたって

教養は万人が身をもって養い創造すべきものであって、一部の専門家の占有物として、ただ一方的に人々の手もとに配布され伝達されうるものではありません。

しかし、不幸にしてわが国の現状では、教養の重要な養いとなるべき書物は、ほとんど講壇からの天下りや単なる解説に終始し、知識技術を真剣に希求する青少年・学生・一般民衆の根本的な疑問や興味は、けっして十分に答えられ、解きほぐされ、手引きされることがありません。万人の内奥から発した真正の教養への芽ばえが、こうして放置され、むなしく滅びさる運命にゆだねられているのです。

このことは、中・高校だけで教育をおわる人々の成長をはばんでいるだけでなく、大学に進んだり、インテリと目されたりする人々の精神力の健康さえもむしばみ、わが国の文化の実質をまことに脆弱なものにしています。単なる博識以上の根強い思索力・判断力、および確かな技術にささえられた教養を必要とする日本の将来にとって、これは真剣に憂慮されなければならない事態であるといわなければなりません。

わたしたちの「講談社現代新書」は、この事態の克服を意図して計画されたものです。これによってわたしたちは、講壇からの天下りでもなく、単なる解説書でもない、もっぱら万人の魂に生ずる初発的かつ根本的な問題をとらえ、掘り起こし、手引きし、しかも最新の知識への展望を万人に確立させる書物を、新しく世の中に送り出したいと念願しています。

わたしたちは、創業以来民衆を対象とする啓蒙の仕事に専心してきた講談社にとって、これこそもっともふさわしい課題であり、伝統ある出版社としての義務でもあると考えているのです。

一九六四年四月　野間省一

## 哲学・思想Ⅰ

## 哲学・思想Ⅱ

## 政治・社会

## 世界の言語・文化・地理

## 日本史

## 世界史Ⅰ

## 知的生活のヒント

## 趣味・芸術・スポーツ

## 日本語・日本文化